置屋物語

花街を彩った人々

橋本余四郎

八朔社

推薦のことば

「置屋（おきや）」とは「芸娼妓をかかえている家」と『広辞苑』はしるし、さらにつづけて「置屋では客を遊ばせない。茶屋、旅館からの注文に応じて彼女たちを差し向ける」とある。私たちは注文する方だが、本書の著者は縁あって置屋の養子となり、私たちが入るを許されない置屋（彼女たち）の、さまざま、こまごまを知りつくしている。

本書の興味つきないところである。

芥川賞作家・俳人　清水　基吉

目次

装幀・高須賀優

置屋のスタート

私が、みちのくの温泉場、飯坂の芸妓置屋の養子となった経緯《いきさつ》から、話を始めさせて頂く。

発端は、叔母の恋物語からである。

私の母方は、東京府南足立郡千住町千住＝いわゆる北千住で、江戸時代から続いている「石屋」であった。姓は大野。

ところが、明治の終り頃、この大野石屋の夫婦は、七歳、五歳、三歳、一歳の四人の女の子を残し、相次いで、他界してしまった。

この四人の姉妹の名は、上から「いち」「里代」「浅子」「雪子」である。

三人は、それぞれ、親戚に預けられたが、次女の里代だけが、橋本ハツの養女になっていた。

姉妹、ばらばらの生活である。

そして、十年余。親戚や養家で、家事やら仕事の手伝いをさせられていた。

中でも、金に困ったためか、或は、初めから、そのつもりで養女にしたのか、里代は、飯坂の置屋へ、前借の年季奉公に出されていた。

俗な言葉で言えば「芸者に売られた」であろう。

里代の源氏名は「信子」。芸事が好きだったのであろう、積極的に、踊り、三味線に取り組んでいった。

お座敷にも慣れ、馴染みの客も、何人かできた頃、その中の一人、秋田のお大尽から、身請けの話が出た。

本人は、半信半疑であったが、「宜しくお願いします」と、両手をついた。

「良し、全部、私に任せなさい！」……。

里代の素人っぽさが気に入ったらしい。

お大尽のやり方は、金に糸目をつけぬ豪勢さであった。

身請けの金も置屋の言うがままに支払い、さらに、置屋を始める資金から、住いまで、総てを揃えてくれた。

飯坂にいて指揮の執れないお大尽は、何人かを選んで、依頼し、礼金も惜しみ無く出したようだ。

里代、十九歳の時である。屋号は「曙《あけぼの》」と名付けられた。

前借に縛られていた一介の芸妓が、一躍、置屋の女将《おかみ》に昇進したことになる。

天から、降って沸いたような幸運であった。

身請けをしてくれたお大尽は、大地主で、列車を降りた駅から自宅まで、車を飛ばして、三十分ほどかかるが、その土地総てが自分のものだと言われていた。

私の幼い頃、この旦那は、一か月に一度ほど、曙に通って来たが、子供心にも、長身でお洒落《しゃれ》な紳士と感じていた。

置屋、曙は、新しく抱えた芸妓三人と、仕込みっ子二人でスタートした。

宿屋、待合、同業者へのお披露目は、全員が着飾って、一軒ずつ廻って歩いた。

普通のお披露目は、一本の芸者になった本人に姉芸者が付き添うのだが、曙のスタートは、女将を含めて、芸妓、仕込みっ子、併せて六名が、温泉街を巡り歩いた。多数の挨拶《あいさつ》廻りに、珍しがって、子供達が、ぞろぞろ付いてくる。

家の中にいた人達も、何事ならんと、表道路へ顔を出す。

狭い町は、まるで、お祭り騒ぎ……。

町中の噂《うわさ》になったせいか、曙のスタートは、すこぶる順調だった。

この頃の置屋の集金は、月三回、十日、二十日、月末である。

これまで、扱ったことのない現金が手元に残って行く……。

贅沢《ぜいたく》も可能であったが、里代は、自分を着飾ることよりは、両親の死以来、散り散りばらばらになっている姉妹に、救いの手を差し延べることであった。

姉妹が一緒に住めなかった悲しさを、取り戻すかのように……。

長女のいちは、既に、東京府南葛飾郡大島町（現＝江東区大島町）で、時計商を開店したばかりの高畠与一のもとに嫁いでいた。

里代は、残る妹二人を、早速、飯坂へ引き取ったが、すぐ下の妹、浅子は、胸を患っており、しかも、病状は救い難いほど進んでいた。

看護人を雇い、入院させたが、命は半年も、持たなかった……。

里代は、医者にも通わせなかった親戚《しんせき》の仕打ちを恨んだが、手遅れであった。

里代の切ない思いのはけ口は、末の妹の雪子に集中して行った。

雪子を、お茶、お花、裁縫に通わせ始めたのである。地主、旅館、お医者の娘さん達と同じように……装いも、これらのお嬢さんに遜色《そんしょく》のないものを揃えた。

里代は、習いものに出かける妹、雪子の世話を一生懸命焼き、いそいそと送り出していた。

そして、二年ほど過ぎた時、姉の家、時計屋から、掛時計が着いた。里代が頼んでいたものである。

中を空けたところ、手紙らしいものが入っていた。宛名《あてな》は、妹の雪子。

里代が開けてみると、ラブレターであった。差出人は、姉、いちの家の、腕の良い職人からであった。内容は、独立するに当たって、雪子と結婚したい……と、記されていた。お嬢様として、しっかりとした家へ嫁がせようと努力してきた里代は、烈火のごとく、怒り狂った。

雪子が、外出から戻るやいなや、

「今、お前に教養をつけさせているのは、時計職人へ嫁にやるためじゃない。私が、東京へ断りに行く！」と、まくしたてた。

黙って叱られるままだった雪子は、……その夜、里代の前に座り、

「お世話になったお姉さんのおっしゃるとおりに致します。しかし、一つだけ、お願いがあります……。」

「いいよ、話してごらん」

姉の里代は、欲しいものがあるなら、何でも買ってやるつもりで、機嫌良く、身を乗り出した。ところが、雪子は、

「私、あの人を諦《あきら》めます。その代り、一生涯、ここ、姉さんの家へおいて下さい」……と言った。

里代は、瞬間、二の句が継げなかった。

「一生涯ねエ!?」……この言葉を繰り返しているうちに、残念だが、許すしかないと思い始めた。

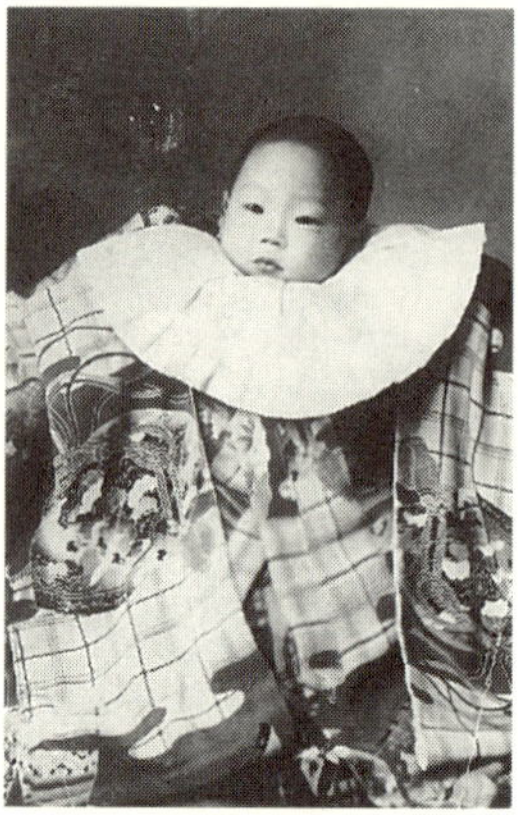
産着に包まれている筆者

里代は、翌日、上京、大島町の姉の家へ行った。

雪子を一生懸命養育してきた思いを、姉夫婦に、愚痴った。

姉、いちの夫の与一は、

「里代ちゃん、雪ちゃんを手離すのは、寂しいだろう。間もなく私の所に、次の子が産まれてくる。男、女どちらかは判らないが、その子を里代ちゃんにあげよう……」と。

……次に産まれてくる子、それが、筆者、私なのである。雪子叔母の身代りと言える。事を納めるための、与一の思いつきだったらしいが、人間の運命は、そんな事で、決まることもあるのだろう。

従って、私の名前も「与代」と名付けられた。与は父親の与一から、代は育ての親の里代から採っている。読み方も無理したらしく「よしろ」である。

しかし、里代の情熱は、私に向けられた。

出産が近づくと、長い袖の豪華な産着を姉の家に持ち込んだ。

ふっくらとした着物に包まれている私の写真が残されている。

芸妓の借用書

産みの母いちは、私を妹里代に渡したことを生涯、悔やんでいたようである。

二人の母が会う度、

「よしろを、お前のところにやるんじゃなかった」……と言い、妹は「今更、何よ！」と反撃していた。

父親は可愛いうちに渡したほうが良いと思ったのであろう、襁褓《むつき》がとれ、一人歩きができるようになると間もなく、私を飯坂の芸妓置屋、妹が経営する「曙」へ送り届けた。貰われた私に、その時の記憶は全くない。

産みの母は、私と二人だけになった時、「お前を飯坂へやってから、何度も泣いた。子供ができたら、どんなことがあっても、他人に渡しちゃいけないよ」と、呟《つぶや》くように言った。

私は返事のしようもなく、黙って頷《うなず》くだけである。

置屋では、男は私一人だけ、女の館で、おもちゃのように、可愛がられた。これまで、下町の子供らしく、兄のお尻に付き纏《まと》い、ベーゴマやメンコ、兵隊ごっこなど、泥んこになっていたはずである。

それが、十人近い女性達に、ちやほやされたのだから、居心地が悪かろうはずがない。たちまち、生家を忘れてしまったのは、年齢が幼いばかりではなさそうである。

七五三の写真も、子供にはもったいないような着物、袴《はかま》、羽織、それに、小さな扇子を持った姿である。この一式は、のちのち、七五三を祝う従兄弟《いとこ》や甥《おい》達が、持ち回りで利用していた。

当時の祭の写真も、小若と染め抜いた祭袢天《まつりばんてん》に、ねじり鉢巻、子供用の纏《まとい》を持ち、少々、舞踊まがいの格好で撮られている。生地も光っているところを見ると絹なのであろう。

従兄弟も利用した
七五三の着物

筆者のお祭り姿

ところで、沢山いる芸妓の中で、色白、細身で、竹久夢二の絵を思わせる、嫋々《じょうじょう》とした雰囲気を持つ美人がいた。話し方もおっとりしている。源氏名は、初代の「静葉」。

髪を島田に結い、化粧をしてお座敷着をまとうと、子供心にも〝美しい〟と思っていたのであろう。正装した彼女が座ると、私は、膝《ひざ》にちょこんと腰かけ、誰におしえられたのか、曖昧《あいまい》な発音で、

「静ちゃんのおならは、ネトネトするよ！」と抑揚をつけて歌うように叫ぶ。

「まあ、坊や、いやねエ」……と、優しい声で、恥ずかしがる。

彼女が、お座敷着になると、私は、決まって膝に腰をかけ、「ネトネトするよ」を、繰り返していた。

初代静葉

町の青年やお客の中で、彼女に恋した者は沢山いたようである。遂には、町の有力者に落籍《ひか》され、囲い者となった。大金を積んでのことであろう。
そして、子供までもうけたが、旅館の後継ぎの青年が「嫁になって欲しい」と、懸命に口説き始めたのである。この青年は、学生の

頃から夏休みなど、私の家へ遊びに来ており、彼女も顔見知りの間柄であった。

人の囲い者でありながら、彼女はこの青年との恋に堕《お》ち、狭い町中の噂《うわさ》となった。世が世ならお手討ちものであろう。

やむをえず、母が間に立った。

乳《ち》呑み児を抱えた彼女、町の有力者である旦那、恋人の青年が、入れ替り立ち替り、私の家を訪れ、話しあっていた記憶がある。

旦那に大金を返却して決着がつき、彼女は、子供を連れて、宿の若女将《おかみ》となった。

だが、世紀の恋も、めでたしめでたし……ばかりでは終わらない。

連れ児は産まれた頃から病弱だったため夭折《ようせつ》、新しく、夫との間に、めでたく男の子が産まれたが、ちょうどその頃、亭主の浮気から大喧嘩となった。

彼女は、子供を連れ、着のみ着のままで飛び出し、十日ほど私の家に居続けたことがあった。随分、苦しみ悩んだのであろう。細い体がなお一層、やつれて見えた……。

話はそれるが、私の結婚式の時には、彼女が花嫁の付き添いを引き受け、式から披露宴まで、こまごまと心配りをしてくれた。

この頃、即ち、昭和五年から十年にかけて、日本は大恐慌《きょうこう》の真っただ中にあった。

「大学は出たけれど」が、はやり言葉になったのも、この時代……失業者が巷《ちまた》に溢《あふ》れ農産

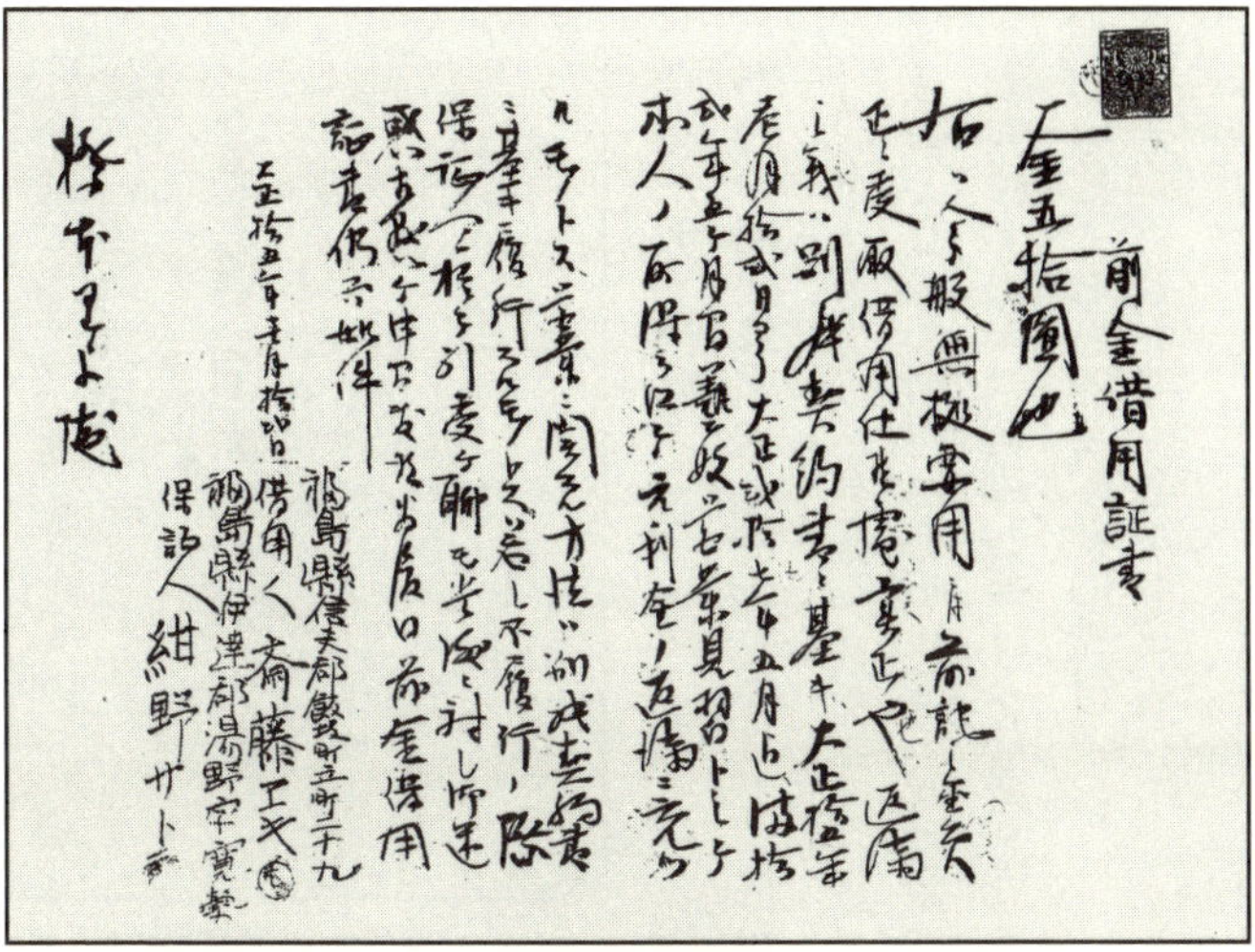

前金借用証書

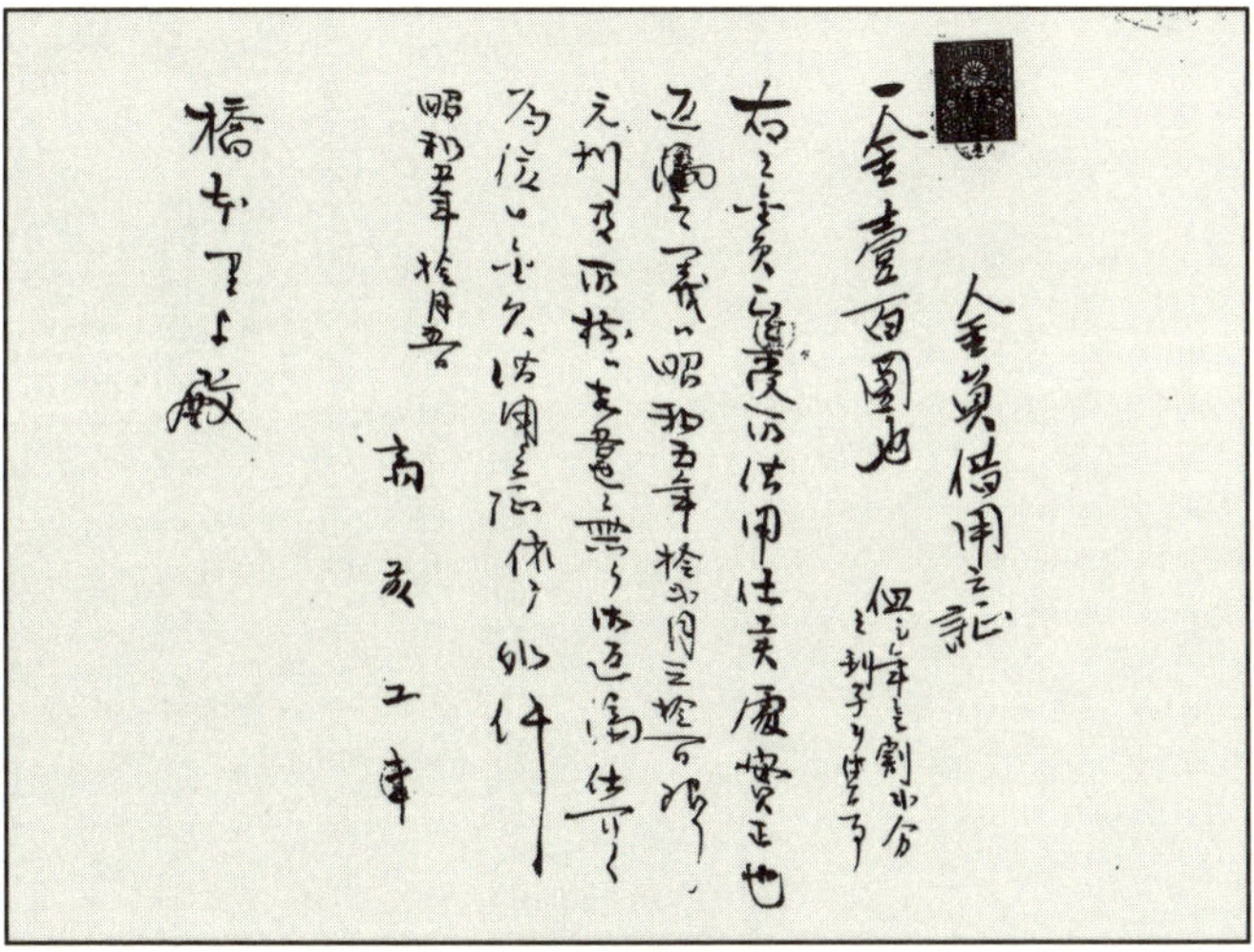

追加借用証書

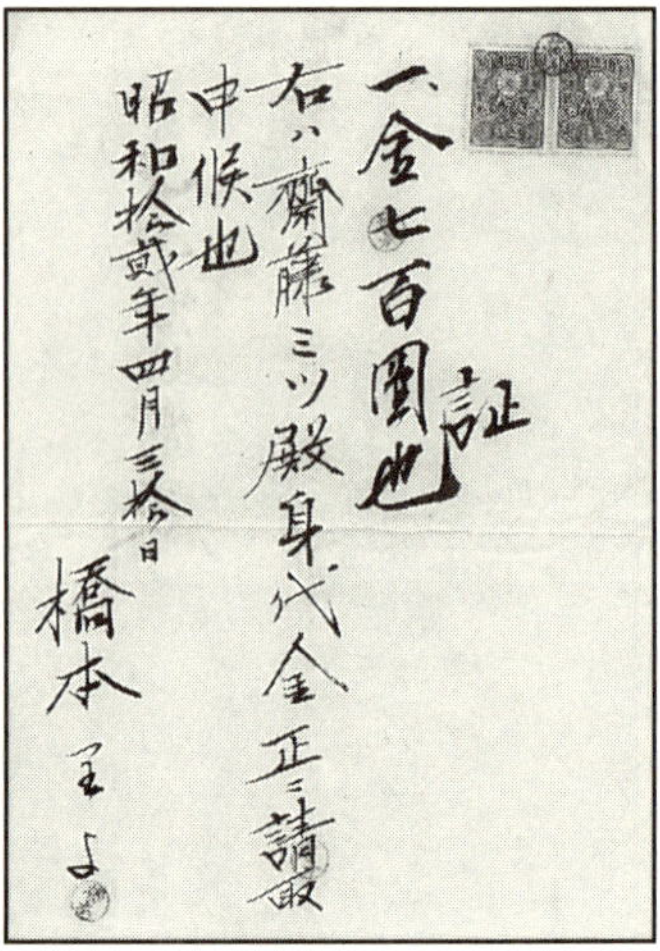
一、金七百圓也　証
右ハ齋藤ミツ殿身代金正ニ請取
申候也
昭和拾貳年四月三拾日
橋本

身請金の領収書

物の暴落により、農村の疲弊《ひへい》も甚だしかった。

都会、農村を問わず、一家心中や娘の身売りが増え続けた。

芸妓になることは身売りの一つである。

形式は、前借の年季奉公――。

私の手許に、その借用証が一通残されている。

前借、五十円。

奉公の期間は、大正十五年一月十二日から大正二十七年（昭和十三年に当たる）五月までの十二年五か月。

芸妓としての所得は、すべて、元利金の返済にあてる……と。

本人は十一歳。義母と保証人が署名、捺印《なついん》している。

宛名は、もちろん、私の義母。

さらに、芸妓見習契約書が付け加えられていた。

年季中の衣服、物品等は置屋側の負担となっているが、客から受け取った祝儀等は置屋の収入となること。

また、本人が廃業、他に転住する場合は、その日までの見習料、食料、化粧料などとして、一か月十五円の割で弁償すること。前借金については、年二割の利子をつけ、一時金で支払うこと。本人が、病気や事故で、十日以上休業した場合には、その分だけ、年季奉公が延長されること。——などである。

大金を出して身請けしてくれる人が現れない限り、決められた年月を勤めあげねばならない運命におかれることになる。

二、三年経つと、生活に窮した親などが前借の追加を申し込んで来る。

この少女の場合も、昭和五年に、親が百円の追加前借をした。

幼なすぎる半玉

私が、叔母の養子となって置屋に来た頃、一人前の芸妓達の他に、二人の半玉がいた。前にも書いた仕込みっ子の二人である。

年齢は私より十歳ほど上で、十五、六歳。一人を「和江」と言い、もう一人を「笑子」と言った。

もちろん、二人とも貧しい家計を救う前借による年季奉公である。

置屋では主人である女将《おかみ》を「お母さん」と呼び、姉芸者を「お姉さん」と呼ぶ。

この二人は十歳前後で、私の家に来ており，母は特別に可愛がっていた。

半玉は京都の舞妓と同じことで、一人前の芸妓になる見習期間でもある。

日頃は浴衣で過ごす。お座敷に出る時は、京都の舞妓ほど豪華な衣装ではないが、振袖、髪は少女を示す桃割れ、季節ごとに変える花かんざしを挿した。

一月は松、二月は梅、四月は桜と蝶などである。一緒に踊る時には、揃いのものを選びもした。

少女達を美しく、可愛らしく見せる装いである。

呼ばれて、近くの旅館へ行く時、半玉はお座敷で弾く姉芸者の三味線を持って、後ろを付いて行く。

お座敷着にきりりと帯をしめた島田の姉芸者、振袖にぽっくりの半玉、夕暮れ時だけに温泉街、花街を彩る艶《つや》のある情景であった。

近くの旅館は、歩いて行くが、遠い旅館へは、人力車に乗る。

初めのうちは、バランスが取れず、不安定なので、両脇の支えに、しがみついているのが、精いっぱいのようだ。

私も、二度ほど、乗ったが、重心の置き場所が判らず、乗り心地は良くなかった。

しかし、毎日乗っている芸者達は、何時の間にか馴れ、乗り方も、スマートになってゆく。

中には、少々の揺れにも、背筋をぴんと伸ばしたまま〝粋《いき》〟に乗りこなしている者もいた。

こんな人力車が来ると、宵の町を散歩しているお客さんは勿論《もちろん》、通りかかった町の人も、思わず、立ち留まって、うっとり、見送っていた。

タクシーでは、この情景は生まれないであろう。

ところで、和江は東京生まれ、色白で、鼻も高く、きりりとした美貌だが、特に笑顔が愛らしかった。しかし、和江の名に反して、性格はおきゃんで負けず嫌い。

もう一人の笑子は地元生まれ、器量も十人並みで、性格も控え目。こちらも名前に反して、あまり笑わぬ少女だった。

母は、この小さな抱えっ子に、踊り、三味線、義太夫など、師匠をつけて、徹底的に仕込んで行った。

幼い二人は呑《の》み込みも早く、女将《おかみ》の期待に応《こた》え、競争しながら上達した。

私が知った頃には、お祭の時、街中を巡る踊り屋台で、組み踊りを二人で披露するほどになっていた。

また、近くの町で義太夫の会があれば、二人を娘義太夫に仕立てて出演させた。

少女達の演技は、可憐さも加えて高く評価され、もてはやされていた。

二人にすれば、芸妓として生きる道しか残されていない……。

否応《いやおう》もない修業であったが、みんなにほめそやされ、感心されればされるほど、励みにもなり、上達も早まる……。

母は「芸者はしっかり、芸を身につけるのよ」……と口癖のように繰り返していた。

この頃、全国各地にご当地小唄が誕生し始め、飯坂温泉もそのブームに乗って、西条八十作詞、中山晋平作曲の「飯坂小唄」ができあがった。

立ち方，左より３人目が和江，４人目が笑子

ハアー
恋のみちのくナー
サテ　サテ　サテ
恋のみちのく　人目を信夫《しのぶ》
アリヤ　ヤットサノサ
首尾も飯坂　湯のけむり　サテ
寄らんしょ　来らんしょ　廻らんしょ
ササカ　サカ　サカ　飯坂へ

どどいつ調の温泉場らしい思わせぶりな歌詞であるが、現在に至るも唄い続けられている調子の良さがある。

この飯坂小唄発表会を、飯坂に来るお客の最も多い東京で行うことに決まった。

会場は上野松坂屋のホール、昭和六年のことである。

立ち方，左より３人目が笑子，４人目が和江

地方《じかた》（唄、三味線太鼓、鼓）六名、立ち方（踊り手）八名で編成された。

この踊り手の中に、和江、笑子が選ばれている。飯坂を代表する芸妓に育っていたと言えよう。

半玉の時代は大体、二年位で終り、芸能の軽い試験を受けて一本になる。

一本とは一人前の芸妓の意であり、半玉とは対応する言葉でもある。

一本は一本立ちの意味も含まれているのだろうが、そもそもは線香のことで、三十分を意味していた。

昔、時計が普及していなかった頃、長い線香を立てて芸妓がお座敷にいる時間を計算した。燃え尽きるのに、ほぼ三十分かかる。

昭和の初め、この一本の玉代（三十分）は四十銭であった。

和江の半玉姿

子供っぽい和江の半玉時代

芸妓の居る契約時間は二時間で、これをひと座敷と言った。

宴会などで、芸妓達が一斉に引きあげて行くのは、ひと座敷（二時間）の契約が終わったからである。

お客の支払う玉代は三十分（一本）の料金の四倍、一円六十銭、それに、ご祝儀一円が加算されて、計二円六十銭となる。

半玉の料金は普通芸妓の半分であった。このため、半分の玉代、半玉と呼ばれるようになったようだ。

この頃の仕込みっ子達は、小学校の四年生を終えると半玉として、お座敷に出ていた。

和江の半玉時代の写真を見ると、余りの子供っぽさに、運命とは言え、哀れさを感じてしまう。

半玉時代の終り頃、通らねばならぬ関門が控えていた。

それを〝水揚げ〟と言った。男を知る行事である。

日頃、半玉達を呼んでいる旦那衆や金持ちと思われる人物が選ばれる。

旦那衆が、宿や、置屋の女将、訳知りの女中に、それとなく話す場合もあり、女将が信頼のおける、これぞと思う男性に打診する場合もある。

半玉は街の若衆などとの恋愛は禁じられ、監視され、少しでもその気配があれば「お母さん」と呼ぶ置屋の女将や姉芸者から叱られ、たしなめられた。

大金をかけて、半玉を美しく着飾っておくのも、〝水揚げ料〟を高くするため……と考えられる。

選ばれる男性は、のちのち、この芸妓を援助できる資力の持ち主であろう。

大地主の旦那

「和江」の少女時代を思い浮かべると、首も手足も、ほっそりしており、バンビのような姿態であった。色も白く、どことなく品の良さも漂わせていた。

半玉も二年を過ぎる頃、一本だちの芸妓になるため、旦那を持たなければならない。

半玉時代の衣装やその他の経費は、置屋持ちだが、一本だちの芸妓は座敷着、稽古ごとの謝礼など自前となる。

値段の張る着物も春夏秋冬、それぞれ、何枚かずつ必要となって行く……。

平座敷の玉代だけで採算が合うはずもない。しかも、前借りの返済もある。だが、この和江には皆も羨《うらや》むような旦那がついた。

時々、趣味の狩猟で飯坂を訪れていた東京の大地主である。

宿の酒席で和江を見初め、話は、とんとん拍子に運ばれた。

後のことではあるが、この大地主は、戦後、東京から衆議院に立候補、強い地盤をバックに、毎回、当選し、長い議員生活も続けている。

しかし、何回当選しても、一度も大臣の席に列《つら》ならない珍しい人物でもあった。自ら辞退していたのであろう。

この旦那と和江との歳の差は、親娘ほど違っていた。

旦那の肝煎《きもい》りで、和江はめでたく、一本の芸妓お披露目をした。

芸妓時代の和江

飯坂でのお披露目は髪を島田、着物をお引きずりに、左褄《ひだりづま》を取って、人力車で、お馴染みの旅館、待合、同業の置屋を廻って歩く。

車夫が、玄関先で、

「○○さんおひろめで、ございまーす」

と、大声で呼びかける。

私の家でも、この声を聞きつけると、ひと目見ようと、家中の者が玄関へ駆け出していく。

名入れの手拭がおかれ、本人が、

「今後とも、宜しくお願い致します」——

と、挨拶《あいさつ》。

「ウアー、キレイ!」――見ている芸妓、女中が、感歎の声をあげる……。

帰ったあと、お披露目芸妓の旦那の噂話《うわさ》を、聞きかじりで話し合う。

良い旦那を持つと、女将《おかみ》は「あの妓は出世した」と折紙をつける。

和江の旦那は、その中でも大物であった。

飯坂へ来る回数も増え、来れば五日であろうと、一週間であろうと、和江を傍らに置いていた。

一日、二十四時間の玉代である。庶民にとって目を見張るばかりの金額であったろう。

また、遠出と言って二人は、新婚まがいの旅行もしている。

仕込みっ子が、玉代の居続け、遠出の日数など、

「新記録、新記録!」――と、繰り返していたのを覚えている。

多分、義母の女将が嬉しそうに話ししたのをおうむ返しに囃《はや》していたのであろう。

暇をもてあますと、和江を連れて、置屋である私の家を訪れることもあった。

いそいそと、新妻のように気を配る和江の様子に、彼女が女になった匂いを、幼な心にそれとなく感じていた。

旦那は、私ら子供に、その頃では大金の五円札を「お小遣い」と言って渡す豪勢さである。

和江の見得が、旦那を誘って、渡させていたのかも知れない。

尤《もっと》も、旦那が帰ると、すぐさま、「お母さんが預かっておいであげる」――のひと言で、義母の懐に納まってしまうのだが……。

芸妓としての和江は、旅館の女将たちにも可愛がられ、派手で明るい性格は、お客からの評判も良かった。

予約を書き込む、わが家の暦には毎日のように和江の名と行く先の旅館名が記入されていた。

幼い頃から鍛えられた芸事も身についている。時には裏芸の娘義太夫も、即興で、ひと節披露することもある。

座持ちの上手さは、旅館にとってもお客をつなぎ止める挺子《てこ》になる。

和江は、特に一級旅館からの予約が多かった。

名指しで予約するお客も多かったのだろうが、空予約もあった。

空予約とは、一流芸者の何人かを宿自身が予約して押さえておくことである。

勿論《もちろん》、お客からの名指しは無いが、突然の申し出にも、自信をもって、送り込める芸妓《げいこ》たちで、他の旅館へ出させないためでもあった。

最悪の場合、玉代は旅館が自腹を切ることになる。

これは、お客に何時でも喜んでもらうための一流旅館の女将の戦略の一つだが、いつも大勢のお客が入る所でなければ、できぬことであった。

二重の予約で、彼女はお茶を挽《ひ》くことはない（お茶を挽くとは、お客がつかず置屋で遊んでいる状態を言う）。

ところで、玉代の掛取りは、若い芸妓たちが、手分けして何軒かの旅館へ出向く。

和江に連れられて、三本の指に入る旅館へ行った時、女将が相好を崩して、二人を帳場へあげ和菓子を出してくれた。

掛取りの場合、玄関先で現金を受け取り、領収書を渡せば終わるのだが……。

宿の女将は、大体、芸妓たちを使用人同様に扱う。

だが、この日は特別待遇であった。

宿にとって、大切なお客が旦那となった和江への配慮だったらしい。

陽に陰に、見染めてくれた旦那の力もあって和江は楽しく芸妓生活を過ごしていた。

だが、和江が可愛くてたまらぬ旦那は、身請けし、東京に住まわせる決意をした。

身請け金、三千円。当時にしては、破格の大金である。

和江十八歳であった。

その頃、里代の養母であり、里代を前借で、飯坂温泉の置屋に奉公させた橋本ハツが、同居していた。

血は繋《つなが》がっていないが、戸籍上、私の祖母である。恐らく、男とは別れ、生活の基盤が無くなったため、景気の良い、養女の所へ、転がり込んだのであろう。

従って、里代は、この人を大切には、扱わなかった。ハツも、遠慮しながら、同居していたようである。

何もすることの無いハツは、私が養子になると、私を扱うことに精を出した。この家での存在感を高めるかのように……。

私の生涯で、江戸時代を生で感じさせてくれた、たった一人の人でもある。

祖母、ハツとレストランに入ると、私は、決まってチキンライスを注文した。このチキンライスには、細かい肉とグリンピースが混じっていた。祖母は、「これは、四つ足だから、食べてはいけないの」——と、言いながら、小さな肉を、丁寧に、取り去るのである。

鶏も、一片の肉になると四つ足になってしまうらしい。

私も、食べてはいけないものだと思っていた。

また、寝る時、布団に入ると、決まって、「寝るほど楽はなかりけり。浮世の馬鹿は、起きて働く」と、唄《うた》うように、ひとりごとを言った。

警察が、話題になると、必ず、

「ご免ですむなら、番所はいらない」と——言う。

番所とは、江戸時代の町奉行所で、現在の警察のことである。

伊藤博文の話が出ると、これも、決まって、「あっ、伊藤さんネ」と気安く言い、「あの人は、すけべ伊藤よ」——と。

伊藤博文の艶聞《えんぶん》は、それとなく、色々な本にも書かれているが、親しげに言う祖母の声は、まだ、私の耳元に残っている。

料亭の女中をしていた時に、伊藤博文が、ちょくちょく来ていたのであろう。

彼女にとっては、歴史上の人物では無く、お客の一人であった。

二号生活の落し穴

羽振りのよい旦那に落籍《ひか》された和江は、東京の一隅に一軒家を与えられ、女中つきの囲い者生活に入った。

お手当てもたっぷりで、何不自由ない日々である。

傍輩《ほうばい》の芸者衆は、彼女の噂《うわさ》を聞き、羨《うらや》ましがった。

和江も、時々、旦那と一緒に飯坂へ遊びに来ることがある。

旦那は趣味の狩猟。和江は住み慣れた我が家や、世話になった人たちへお土産を届けに歩く。

彼女はどこへ行っても、歌舞伎座《かぶきざ》や一流ホテル、一流料亭での食事、銀座での買いものなど誇らしげに語り続けた。

「東京に遊びにいらっしゃいよ」――とまで付け加える。片田舎の温泉場に住む女性たちにとっては夢のような世界であった。

だが、有頂天な時代は、そう長くは続かなかった。

旦那も初めのうちは、間をおかず、妾宅《しょうたく》に通い続けるが、一年もすると、一日おきが、一週間おきに、そして、十日おきになって行く……。

着た時は誠意をもって仕え、尽くし、出来るだけ多く来てくれるように頼むのだが、足は遠のくばかりである。

甘えてはみるものの、二人での外出も、間遠になる。

結局、ただ待つだけの日々を過ごすことになってしまう。

家事は女中が総《すべ》てを引き受けている。

何時来るか判らぬ人を、何もせず、待ち続ける――二十歳の彼女には、辛抱できぬ寂しさであった。

売れっ子芸者で、華やかな生活を続けて来ただけに、その思いは募るばかりである。

東京生まれではあるが、飯坂で育った彼女には訪れてくれる友人もいない。

二号生活のこの寂しさに耐え切れず、逃げ出した人達が、私の知っているだけでも何人かを数えることができる。

芸者に戻る者、若い男と駆け落ちする者、クラブやキャバレーのホステスになる者、中には娼婦に身を落として行く者さえいた。

これらの女性たちの多くは、その後、消息が跡絶《とだ》えてしまう……。

彼女たちが置屋にいた頃は、拭き掃除ぐらいはするが、食事をするための煮炊きはしていない。

時間があれば芸事のお復習《さら》いである。

まして和江のように、年端もゆかぬうちから置屋に来た者は、御飯の炊きかたさえ知らぬ者が多い。

中にはこの退屈地獄から、すんなり抜け出した者もいた。

その多くは旦那との間に子供を作った人達である。

子育てはぼんやりしている暇もないほど忙しい。

子供の顔見たさに、旦那の訪ねる日も多くなってくる。

順調な二号生活が続く――。

だが、和江には、子供もできず、この待つだけの心に、魔物が忍び寄ってきた。

どこで知り合ったのか、定かではないが、遊び人風の男が、時々、彼女の家を訪れるようになった。

お世辞上手、話上手である。

退屈しのぎに、この男を次第に歓迎するようになって行く。そして、何時の間にか深い仲へ……。

和江が少し遠出をする時は、旦那が自家用車を運転手つきで廻してくれる。

楽しく遊びたいばかりの彼女は、この自家用車に男を乗せ、競馬場へ走らせた。

世間知らずの余りにも無謀な行動であった。

無知としか言いようがない。

深い仲の男女の会話、仕種《しぐさ》を見ていれば察しはつく。

運転手から旦那へ総てが報告されてしまった。

飯坂の私の母が上京し、詫《わ》びを入れたが、許してはもらえなかった。

それでも紳士らしく「当座の費用」として、ある程度の金を渡してくれた。

和江は傍輩の羨望《せんぼう》の的として、見栄を張っていただけに、芸妓として飯坂へ戻ることはせず、東京に住むこととなった。

話は逸《そ》れるが、私が大阪で勤務していた頃、北の新地のクラブで、抜群に着物の着こなしの上手なホステスに出会った
思わず誉めると、かつては祇園《ぎおん》で舞妓をしていたと言う。

クラブにいる理由を聞くと、一度は落籍《ひか》されて囲い者になったが、知り合った若い画家と逢瀬を繰り返すうち、旦那に目撃され、お払い箱になったとのこと。

当分の生活費を稼ぐためのホステスであったのであろう。京都では知り合いが多すぎるので大阪から出たと思える。

時代は違うが、余りにも和江と似通った話であった。

待つ身の辛さを、知り尽くした女性たちであると言える。

芸妓を生業《なりわい》としても、所詮《しょせん》は人の子、人並みの熱い夢を見、正妻の座に座りたいと思うのも、当然のことであろう。

これまで、金に縛られてきただけに、その思いは素人より強いかもしれない。

だが、和江の場合は、付きあった相手が悪かった。

和江とその子供

この人と添い遂げたいと思ったのであろう。一緒に住み始めたものの、籍については、うやむやに、その上、生活費は入れず、彼女の持ち金を当てにするばかり——。
やむなく、五反田のクラブでホステスとして働き始めた。
男は何日か家に戻らぬ日もあり、戻れば金をせびるだけである。

金を渡せば、ぱいと、また出て行ってしまう。

そんな荒れた生活の中で、彼の児を身ごもった。生まれたのは男の児である。

出産の手伝いに行った私の母は、私生児にしないため、妹雪子の子として届けを出した。

無茶苦茶なことではあるが、戸籍上は私の従兄弟《いとこ》になっている。

和江は、修羅の道を辿《たど》っていたが、見栄だけは張りっ放しだった。

私に対しては「お母さんの墓は、立派なものを造りますから、私に任せてね」——と、また、傍輩《ほうばい》の妾宅を訪れたときには、床の間の軸を見て「あらあら貧弱なもの掛けちゃって！　私が、あとで送るから、替えなさいよ」——と。

だが、実行したものは一つもなかった。一流芸者と称された人の中には、見栄に潰《つぶ》されて行くことが、意外に多いのも事実である。

若旦那と芸妓の恋

仕込みっ子として、前借で置屋に来た少女達の多くは、頬が赤く、荒れた肌をしており、垢抜《あか》けしていない。

慣れない生活に、おどおどしている姿を見ると、哀れささえも感じさせる。

だが、女性の変化は早い。一年も経《た》つと頬の赤さも消え、「えっ!」と思うほど、肌理《きめ》も細やかになっている。

「奴さん」など、踊りの手ほどきを受けたり、芸妓衆の三味線や着替え運びなど、上手にこなし始めている。

「着替えを運ぶ」——と記したが、これは芸妓衆が、旦那や客と宿に泊まれば、帰りは朝になる。派手なお座敷着で、朝から町を歩き回るわけにはいかない。そこで、仕込みっ子が、置屋の指示で、普段着と称する地味な着物を、宿に届けておくのである。

仕込みっ子は、真冬を除いては、ほとんど浴衣で過ごす。着古したよれよれに近いものが多い。

気の利いた仕込みっ子は、芸妓の着付けを手伝っているうちに、身につけるのであろうか、浴衣の着こなしが、ぴったり、体に合ってくる。哀れさはもうどこにもない。

のちのち、一流芸者といわれるようになる妓たちの変身ぶりは、特に見事であった。

不思議なもので、四六時中、着物で過ごすうちに、着物が体に付きそってくるようになるらしい。

成人式では、多くの娘さん達が晴れ着で街中を歩いているが、ほれぼれするような、着こなしに出会ったことがない。

少し歩いていると、着くずれしている娘たちが、ほとんどである。

洋服ばかりで、その日だけの着物である。無理もないことであろう。

しかし、当日のために、普段着を時々着ていれば、随分違ってくると思うのだが……。

もちろん、芸妓の着方と素人のそれとは、まったく別ではあるが、できるだけ多く着ることが、上達の早道といえそうである。

話は大分逸《そ》れてしまったが、和江のその後を、もう少し続けさせて頂く。

「麻薬中毒」から立ち直るのに、大変苦労したこと、息子が自殺したことなど――ぽつぽつ、義母から聞いてはいたが、直接、会うことはなかった。

ところが、昭和二十六年、私が大学を卒業したときのことである。和江から〝ぜひ会って欲しい人がいる〟と連絡してきた。

案内されたのが、田園調布のお屋敷、庭も広く、鉄筋二階建ての家であった。

和江が女房気取りで、仕切っている。

旦那とおぼしき人物は、でっぷり太っており、一流鉄工会社の下請けをしている社長であった。

伏見稲荷を信仰しており、沢山の鳥居や石畳を寄進した話をしたあと、子供もいないので、片腕となって、一緒に仕事をしてみないかという話である。

大学出を使ってみたい気持ちもあったようだ。

「地元の新聞社に決まっていますが……」と、曖昧《あいまい》な返事をしておいたが、一泊しただけで、私にはびっくりすることばかりが続いた。

話の途中、会社の経理部長が、その日の売上を報告にきた。

経理部長は応接間に入ると、腰掛けには目もくれず、平伏した上、正座したまま話を続けたのである。

その夜、二階の洋間で、大きなベッド、ふかふかした羽根布団に寝かせてもらったが、朝方、火を焚く音と呪文《じゅもん》を唱える声が、階下から聞こえてきた。

朝食前、和江に「何かあったの?」と質問すると、あす上方へ出張するのだが、方角が吉か凶か、占ってもらっていたのだと言う。

平伏したり正座しての報告、出張の方角占い。

戦後の鉄鋼業界で成功したワンマン社長の実体を見た——と思った。

地元へ戻って、すぐさま和江に断りの手紙を出した。

私をその会社に入れ、正妻の座に座ろうと目論んだのであろうが、私には勤まりそうにもなかった。

一か月も過ぎぬうちに、辞表を出す始末になったであろう。

このあと和江からの連絡は、今に到るまでない。

風の便りに、五反田で小料理屋「雲井」をやっている——と、聞いたことがあった。

その他は、私の兄や親戚に金を借りに来た話が残っているだけである。

恐らく、和江は、このワンマン社長とも、長く続かなかったのであろう。

和江のように、一流芸者として若い時代、華やかな生活をした人達の晩年は、意外に哀れな結末を迎える場合が多い。

金を借り歩く和江は、幸せだったとは言えないであろう。

私の家の芸妓ではなかったが、仕込みっ子の頃から知ってる「H香」。一年も過ぎた頃から、見違えるほどの変身を遂げた一人である。

この人も、なかなかのお侠《きゃん》で特に踊りが上手だった。

飯坂の大きな旅館の長男坊と浮き名が立った。

彼は慶応ボーイ、体も大きく、スマート、温泉街女性たちの憧《あこが》れの的であった。

彼から結婚の話が出された時、誇り高い彼の母は即座に、

「芸者なんか、家に入れられるか!」と反対した。

甘やかされて育った息子は、母親を殴るなど大暴れである。

余り酷《ひど》いと、出入りをしていた私の義母が呼ばれて行く。

他人が来ると、少し、おとなしくなる息子、彼が暴れ始めると、その度に義母に電話が来る……。

旅館からH香の置屋へ、圧力がかかった。

「箱止め」である。

「箱止め」とは、旅館や料理屋、待合などが置屋ぐるみ、または、指名で芸妓の出入りを禁止することで、「箱」は三味線箱の意である。

置屋にとっては大打撃であった。大きな得意先を失ったことになる。

H香は、泣く泣く、彼を諦めさせられた。
前借の身、やむを得ないことであったろう……。

一流芸妓、無縁仏へ

飯坂屈指の旅館の後継ぎとの、激しい恋も、芸妓ゆえにあきらめざるを得なかったH香。暫くは酒に溺《おぼ》れていたが、次第に、一流芸者の気概を取り戻していった。

H香の置屋は、私の家と最も親しくしていたので、女将同士の話やら、電話の内容で、私はその顛末《てんまつ》をよく知っていた。

芸妓も人の子、お客、あるいは、経済的にバックアップしてくれる旦那とは別に、純粋な恋に憧《あこが》れる……。

お客や旦那とは、親娘ほど年齢が違う。

やはり、憧れの対象は自分の歳に近い青年である。

しかし、その恋が成就することは、まったくと言っていいほどない。

経済的に自立していない若者に、待合の部屋代や玉代を払ってもらって、逢瀬《おうせ》を楽しむことなど夢のまた夢である。

日中は稽古ごとや、女将、姉さん芸者、朋輩達の目がある。

噂《うわさ》が広がれば、女将の耳にも入り「泥棒猫のような真似はしないで！」――と、叱られる。

大概は芽のうちに摘まれてしまうが、中には、慕情黙《もだ》し難く、地獄とも思える炎へ身を投じて行く者もいた。

待合の部屋代、自分の玉代を自分が支払って、金のない恋人との逢瀬を重ねるのである。

待合には、恋人が払ったかのように繕って……。

借金返済をしながらの芸者生活に、そんな余裕がある筈はない。

旦那に「母が病気」と、偽って、拝むようにして、金を都合してもらうか、色気を見せるお客と、相手かまわず、ひと夜を共にして稼ぎまくって帳尻を合わせる――。

相手の男性に、その総てを打ち明けることはできない。

また、その男性も、相手になっている芸妓が、それほどの苦労をしながら、誘ってくれているとは思ってもいない。

とどのつまりは、間もおかぬ金の無心に、旦那の足も遠のき、恋人も結婚相手と思っていないため、次第に逃げ腰になって行く。

芸妓としての勤勉さを失なった彼女達の多くは、「住み変え」といって、飯坂ではない遠くの置屋へ売られて行く羽目になる。

こういう芸妓の思い出は、哀れさだけが先に立ってしまう。

昔の芸妓にとって、本当の恋はご法度だった。

ところでH香は、その美貌を楯に、恋を捨てて、一流芸者の道を突き進んだ。

特に得意は踊りで、花柳流の名取りになっている。

三年も過ぎた頃、大きな薬屋の旦那に落籍《ひか》され、飯坂町の裏通りに、「粋な黒塀、見越しの松」の唄そのままの、瀟洒《しょうしゃ》な妾宅を建ててもらった。

H香は、置屋の子供や仕込みっ子に踊りを教え、傍目《はため》には優雅な生活らしく見えていた。

年月を経ると、何時の間にか、旦那の足も途絶え勝ちになって行く。

一流芸者として過ごして来たこともあり、プライドは高く、見栄を張り続けるために内情は苦しくなるばかり……。

私が新聞記者になりたての頃、彼女の家の近くで、ばったり会い、その時、一度だけではあるが、誘われるままに「見越しの松」の家へあがったことがある。

旦那が余り来なくなったこと、踊りを教えるだけでは、煙草代にしかならないことなどを愚痴りながら、旨《うま》いお茶を、丁寧に淹《い》れてくれた。

家の中は調度品も、格調高いものが並び、座布団もふかふか、生活の苦しさ、惨めさなど微塵《みじん》も感じさせてはいなかった。

話がはずむうち、町中に浮名を流した彼女と大旅館のぼんぼんの恋物語に触れてみた。

「あの時、私は死のうと思ったの。本当よ」——と語ってくれた。

私はポケットに入っていた僅かばかりの紙幣全部を紙に包んだ。

「そんなこと、心配しないでよ」

「気持ちだけ。お茶代だよ」

それから、一年も過ぎぬうち、家を売り、仙台に出て、ホステスをしているという噂《うわさ》を耳にしたが、その後については、風の便りもない。

ただ、他人の住み家になってはいるが、飯坂で唯一の「黒塀、見越しの松」の家が、今もそのまま残っている。

H香の同じ置屋にY千代と名告《なの》る妹芸者がいた。

歌舞伎役者のように、細面で、鼻が高く、なかなかの利かん坊。

H香の後継ぎと言われるほどの踊り手である。

数少ない私の座敷に来てもらったことがあった。芸者の中では先輩となったY千代が、三味線を弾き、もう一人の若い芸妓が踊った。

若い者に踊らせ、年長芸者が三味を弾く。花街では当たり前のことだが、私の胸をよぎったのが、一抹の寂寥《せきりょう》感だった。

その昔、飯坂芸者衆の舞台披露では、踊り手の中心だったY千代。

「お前が踊れよ！」と、口先きまで出かかったが、やめにした。

もう一人の若い芸者に恥をかかせることになる……。

最近の飯坂での宴会のお酌は、若いホステスが中心である。

芸者衆は減るばかりで、今は見る影もないほど少なくなっている。

Y千代も、暇な時には知り合いの宿屋で、女中のアルバイトなどをして、糊口《ここう》をしのいでいたが、突然、病に倒れた。

医師の診断は内臓の癌《がん》、入院したが、命は三か月も、もたなかった。

独り暮らしで、後を見る者がいない。やむなく、昔からの友人達が野辺の送りを済ませたが、生家からは梨の礫《つぶて》であった。遺骨埋葬の連絡をしたところ、

「とうに縁を切っている。わが家の墓に入れることはできない！」——と。

宙に浮いた彼女の遺骨は、相談を受けた飯坂町内のお寺さんが一年間、預かってくれることになった。

だが、一年過ぎても引き取り手がいない。預かって一年目、無縁仏として、お寺の一隅に葬られている。

芸妓たちの策戦

昭和十年（一九三五）頃、私の少年時代のことである。

福島市内の大きなお寺の住職が、時々、置屋である私の家に、お茶を飲みに立ち寄っていた。

何時も和服である。なかなかのお洒落《しゃれ》で、夏など、ほっそりした体を絽《ろ》の着物で包み、
話し方も静か、どことなく、おっとりしていた。

お茶をゆっくり味わいながら、私の義母と世間話などで、ひと時を過ごし、丁寧に挨拶《あいさつ》を
して帰っていく……。

一見、好感の持てる教養ありげな人物であった。

だが、若い芸妓たちは口をそろえて、この住職を、陰で罵《ののし》っていた。

緊張した面持ちで、お茶を運んだ妓も、一緒になっての悪口である
「あのエロ坊主！」

「いやらしい奴《やつ》！」

「あのすまし面を見ると虫ずが走るわよ！」――などなどである。

「水揚げ専門なんだから……」、この一言で、子供ながら、彼女達が嫌う意味が、わかるような気がした。

暇を見つけて置屋に顔を出すのは、気に入りそうな妓を探すためであるらしい。

そして、気に入った妓を見つけると、女将と交渉を始める。

お金持ちらしく、ひと夜の金額は女将の言う通りに出す。

置屋にとって、金銭的には良いお客の一人であるが、好意は持てなかったようだ。

芸妓たちの評判は、最低であった。

いかに、売りもの、買い物とは言え「水揚げ」だけを狙《ねら》う、人漁《あさ》りのようなやり方は、「粋《いき》な遊び」とは言い難い。

仏の道として、衆生済度を少女である半玉に手を差しのべたのであろうか。

それとも、単なる「好き者」でしかなかったのか――私のような凡夫の知るところではないが……。

もっとも、強《したた》かな置屋では「水揚げ」と称して、何回か稼がせる所もあったようだ。

口を拭《ぬぐ》っていれば、お客には判らない。

ほくそ笑んで、それとは知らず、友人達に、自慢げに話した御仁もいたであろう。

これも、お坊さんの話で恐縮ではあるが、祇園や先斗町《ぽんとちょう》の舞妓のスポンサーも、京都の有名なお寺の住職が意外に多いと言う。

噂《うわさ》として聞いたことで、断言はできないが……。

ところで、「国境の長いトンネルを抜けると雪国であった。」で始まる川端康成の名作『雪国』——文芸作品として読めば面白く、筆力も〝流石《さすが》〟と思う。

だが、主人公の島村と駒子の出会いや交流を辿《たど》って行くと、温泉芸者にもてたと思っている一人のお客の姿が浮かびあがってくる。

すっかり酒に酔って、島村の部屋へ入り込み、管《くだ》を巻き痴話喧嘩《けんか》のような会話が続き、挙句の果て自分の指に噛みつき、傷をつける——。

このような酔態は利かん坊の芸妓に多く、何度か垣間《かいま》見たことがあった。

芸妓が、自分のお客を置屋へ連れて来た時である。女将も「しょうがない妓、こんなに酔ってご免なさいね」と、お客に謝る。

だが、怒るお客は一人も居なかった。むしろ、置屋の女将に信用され、酔っ払った芸妓に好かれていると思っているようだった。

前回、遺骨が宙に浮いたY千代のことを書いたが、彼女にも悪い癖があった。

酒を呑みすぎると、お気に入りのタイプの男性には、体を近づけて話をしているうち、やにわかに股《もも》を抓《つね》ることである。

友人達と二次会の席、ぐでんぐでんに酔ったY千代もいた——。

Y千代と楽しげにしていた友人が、突然、「痛い」と言いながら飛びあがった。

Y千代が、彼の股を抓《つね》ったのである。

男の甘さからか、訳ありなのか、友人は、満更でもない顔付きである。

二次会の間、この友人は何回か、「痛い！」と叫びながら飛びあがっていた。

翌朝、彼と一緒に風呂に入ったが、彼の股は、痛々しく腫《は》れ上がっていた。

芸妓の深酔いしたさまを見ているだけに、小説、『雪国』の駒子の描写は、作者の体験が下敷になっていると言える。

だが、時々、来る程度で、小説のように、駒子が主人公一人だけを待っていたとは考え難い。

契ったことのある、ちょっと好きなお客なら、酔ってその部屋へ押しかけることなど手練手管の一つであろう。

お客は、自分だけがもてたと思い、内心、良い気持ちになっているのだろうが……。

もっと生々しい話だが、芸妓同士、共同作戦を張る場合がある。

A芸妓の二人のお客が、同じ日に温泉場へ来ることになる。

二人ともA子とは、馴染みの仲で、粗末に扱う訳にはいかない。

身一つ、宿は離れており、掛け持ちなど、落ちつかず、怪しまれることにもなる。

こんな時、Aに頼まれたB芸妓が、Aの行かないほうのお客の部屋に顔を出す。

そして、気の毒そうに、

「Aちゃんのお母さんが急に病気になって、今朝、実家へ行ったの。謝りに行って——と言うので、身代りに来ました。本当にご免なさい。私なんかで……。」——と。

酒の席も、はずんだ頃、

「私でよかったら……」と、誘いをかける。

お客もひと夜はままよ——と、Bの誘いに乗ることも多い。

中には仮空の病人へ、見舞金を渡してくれと、Bに預ける、律儀ではあるが、間の抜けたお客もいた。

変わって、Bが困った時には、Aが代役を努めることになる……。

AもBもめでたしめでたしであろう。

来たお客の足を遠のかせないための、花街の裏策戦と言えそうである。

Aが顔を出さなかったお客が、次に来てくれた時、お見舞いの御礼などを言ったあと、

「あんた、Bちゃんと寝たんでしょ！」

「そんなことしないよ」

「顔に書いてあるわよ。にくらしい！」

――と、嫉《や》いてみせる。

Y千代なら、ここでお客の股を、いきなり抓《つね》るんであろう。

日中、親しい芸妓同士が集まって、お客の品定めなど、夢中で話し合っている声が、私の部屋まで聞こえてくることがある。

私の置屋物語も、そんな時に知ったことが材料になっている――。

その一つだが、私が中学生の頃、芸者部屋へ、飯坂でも、売れっ子芸者の一人、S丸が遊びに来た。

真夏のことでもあり、冷房も無い時代、部屋部屋は総て、開け放されている。しかも、声高のS丸の話は、少々遠い私の部屋にも筒抜けであった。

「夕べ、K子の彼を、寝取ってやった。ざまあ見ろ、胸がすぅっとした。――」

親の敵でも取ったような言い方である。

SとK子の年齢は、ほぼ同じ、共に色白で、男好きのするタイプである。

この二人は、知らず識らずのうちに、対抗馬になっていたのであろう。

踊り、三味線、季節季節の着物など、一歩も引けをとらぬよう、突っ張って来た節がある。

ところで、お客の中でも、若くて、美男で、お金が切れる――芸妓にとって、最も、好ましい彼であり、仲間へ自慢できる相手であろう。

中年過ぎの男なら、ざらに居るが、三十半ばにもならぬ人は、まずいない。

だが、この三拍子を揃えた人物が現れたのである。

中央新聞の販売拡張担当、接待費の予算がたっぷりなのであろう、三日にあげず、芸妓を呼んで宴会をしていた。

初めのうちはS丸も、K子も、この座敷に呼ばれていたが、いつの間にか、K子の担当になっていた——。

S丸にとっては、良いお客をK子にさらわれたことになる……。

街で、ばったり会ったチャンスを捉《とら》え、S丸は、言葉巧みに、美男子を誘ったのであろう……。

体を張っての、女同士の戦いと言えるかも知れない。

妻の座守る元芸妓

東北の一温泉場ではあるが、そこで、一流といわれてきた芸妓たちの、哀れな末路を、これまで、書き綴《つづ》ってきた。

しかし、一流の芸妓の誰もが不運を辿《たど》ったわけではない。

目を中央に向けても、幕末から明治にかけて、日本の政界を牛耳った人の奥方となった元芸妓たちがいる。

特に知られているのは、

木戸孝允（桂小五郎）の幾松（京都）

伊藤博文の梅子（下関）

山県有朋のお貞（東京新橋）＝後妻

陸奥宗光のおりう（東京新橋）などであろう。

日本の政界とはいかないが、この地方の上流階級といえる人の夫人となっている元芸妓が、何人かはいる。

少し小柄だが、色白で、体全体がふっくらとしており、人柄も温厚、美人芸者として名の通っていた「N駒」――。

有名な俳優、石原裕次郎が、見染めて、何回も、飯坂温泉に通ったと噂《うわさ》されている芸妓である。

彼女は、妻を亡くした地元の開業医に見込まれ、後妻に入った。

男と女の二人の子供は、丁度、思春期、芸妓だった継母を嫌って、なかなか、懐かない……。

だが、N駒は、夫へは勿論のこと、子供たちへも、誠意を尽くし続けた。

月日はかかったものの、その甲斐あって、子供たちも、母として認めるようになり、それぞれ独立して行った。

現在も、開業医の妻として、夫を助ける日々を過ごしている――。

一流を鼻にかけず、美貌に自惚《うぬぼ》れない、しっかり者でなければ、超えることのできない大波であったろう。

正妻の座についたはずの、元芸妓たちのほとんどが、二年も過ぎぬうちに、置屋に戻ってくる。

芸妓生活の間に身についた怠惰さが、大きな原因のようだ。

普通の主婦なら当たり前の料理作り、洗濯、掃除、家の中の整理などなど。

少女時代から芸妓として育った者の、最も不得意とする分野である。

家事を中途半端にする彼女たちは、姑《しゅうと》、小姑から疎まれ、終《つい》には夫との仲も冷え込んで行く……。

そして離別の道へ。

そのような人たちを多く見てきただけに、芸妓生活を長年過ごしたN駒の努力は、並大抵のものではなかったと思われてならない——。

話は移るが、地元マスコミの社長夫人となった元芸妓「S代」。

彼女はおっとり型、特に、笑顔が印象的な人である。

初めから社長夫人ではない。

ある日、同じ職場にいた彼が「S代」と結婚するつもりですと言ってきた。

彼女が芸妓に出た経緯《いきさつ》を聞き齧《かじ》っている私は、即座に、

「やめたほうが良いと思うよ」——と答えていた。

倒産でもしたのであろうか、幼い男の子を抱え、夫と飯坂へ流れてきた——との噂である。

そして夫は宿屋の番頭に、彼女はS代として芸妓生活に。

いつの間にか夫婦別れをして、息子は、彼女が育てていた。

人当たりも良く、なかなか美人である。時がたつにつれ、朋輩からも認められ、売れっ子の一人となって行く――。

彼の結婚の意志は、堅く家族や私らの反対を押し切って、芸妓と所帯を持った。サラリーマンと芸妓生活の共稼ぎ。

宴会の座敷でS代と会った日、私は「仲良くやってる？　あなたとの結婚には、私は反対したのだが……」と、正直に、話しかけてみた。

芸妓は私を見つめ、笑みを湛《たた》えているだけだった。

この二人の生活に破綻《はたん》はなく、彼も芸妓の子を、自分の子のように可愛がっていたという。

つい最近のことであるが、僥倖《ぎょうこう》も手伝って、勤めていたマスコミ会社の社長に就任、従ってS代も日出度く社長夫人となった。

ともすれば、崩れ易い芸妓生活を続けながら、子供を立派に育てあげ、夫を社長にまで押しあげた彼女の強《したた》かさには、舌を巻くほかはない。

現代の女性たちは、男に尽くしてもらいたがる人が多いようだ。

時代は違うが、私の知っている芸妓の中には、男に尽くし続けるタイプの人たちがいる。

今回取り上げた「N駒」「S代」は、その代表といえるかも知れない。

しかも、立派に妻の座を確立している——。

数多くはないが、尽くすタイプの芸妓の様子を、垣間《かいま》見たこともある。

これから語る内容は一つの例に過ぎないが……。

宴会が終りに近付き、その日のうちに東京へ戻るお客がいた。

宴会に来ていたのが「F葉」。

お客の着替えを手伝っているのが「F葉」。

座席にいる間の話で、我々にとって大切なお客であることを、F葉は判っていた。

「お坊ちゃま、靴下、はきはきさせてあげるから、えんこして……」と、腰をおとさせ靴下をはかせてやる。

照れる相手を冗談の口車に乗せながら、「奥様になったみたい！」——と嬉しそうにズボン、シャツ、ネクタイを、次々と渡して行くが、そのタイミングが見事であった。

早くも遅くもない。お客の動作に、ぴったり合わせている。

お客も浮き浮きした顔つきになっていた。

後日、このお客にあった時、彼から「F葉ちゃん、良い妓だったネ」——との言葉がでて、話がはずんだ。

F葉は大柄だが、優しさが溢れており、頼んだことは忘れない几帳面《きちょうめん》さも、兼ね備えている。

大切なお客の時、宴席に来た芸妓に、翌日の朝食のお給仕を頼むことがある。

先にもお伝えしたことのあるY千代などは、「まかせておいてよ！」と胸を張って、帯を叩くが、飲みすぎて、起きることができず、すっぽかされる。

F葉は時間を宿に確かめ、きちんと約束を果たしてくれた。

短い時間ではあるが、玉代のつけは、勿論、接待側に廻ってくるのだが……。

現在、F葉は、私とも知り合いの旦那とつつましく、幸せな日々を過ごしている。

売れっ子の芸妓達は、それぞれ、お客の心を掴《つか》んでおくための工夫をしている。

簡単なことだが、三代目の君太郎が、話してくれたことがあった。

「お座敷へは、いつも、ハンカチ五枚以上を持って行ったの――」

「どうして？」と訊《き》き返した。

「遊びに来ているお客が、自分の家を思い出すのは、独りで、手洗いに入った時……だから、それを忘れさせるための小道具なの」――と。

お客が立ちあがった時、そっと付いて行き、手洗いが終った時、真新しいハンカチを差し出す。

そして、戻り道は、手を組むなどして……。

お客は、もう、遊びの心に戻っている。
ハンカチ五枚以上、必要なことも、充分理解できた。
また、玉代稼ぎにも、いろいろの手がある。
二次会しましょう、街に飲みに行きましょう、マージャンしない？　などなど。
お客と一緒にいれば、その間の玉代は、旅館、待合を通じて支払われることになる。

「私は売れない芸者」

私が、叔母の経営する東北の片田舎、飯坂温泉の置屋へ、養子に入った昭和五年（一九三〇）頃、私より十歳ほど年上の半玉が二人おり、一人を「和江」、もう一人を「笑子」――と、この「置屋物語」の初めのほうで、紹介したことがある。

和江のことは、幾つかのエピソードを交じえて書き綴ったが、今回は、もう一人の笑子を和江と対比しながらお伝えしよう。

二人とも、家族を救うため、五十円ほどの前借で、芸妓見習いとして、置屋に来た。

私の義母の女将《おかみ》を「お母さん」と呼びながら、言われるままに、踊り、三味線を習い、芸妓達の手伝いをした。

その頃の二人の扱いに分け隔てはなかったのだが、半玉として、お座敷に出るようになってから、性格にもよるのだろうが、二人の違いが、次第に、はっきりしてきた。

二人とも、芸事は、みっちり鍛えられてきている。飯坂小唄など、お座敷で一緒に踊ることも多い。

しかし、お客の目は、どうしても、和江に向いてしまう。まして、一本立ちの芸者になると、その差は広がるばかりであった。

芸妓は、所詮《しょせん》、人気商売――。

美貌とスタイルの良さ、気転の利く対応の早さで、忽《たちま》ち、飯坂一の売れっ妓にのし上がった和江。

落籍された頃の笑子

一方、笑子は、色は少々黒いが十人並みの容貌《ようぼう》。和江に反して、一般の芸者と同じに、お茶を挽《ひ》くこともあった。

性格も大人しく地味好み――和江が派手好みの〝陽〟なら〝陰〟と言えるだろう。

「私は、売れない芸者……」と、何時《いつ》でも、当時を述懐して、笑子は呟《つぶや》く。

余りにも、もて囃《はや》された和江を、目のあたりにしていただけに、その思いは、抜けきれないでいたようだ。

東京の大地主に見初められ、力強いバックがついた和江は、暇なく、お座敷を、飛ぶように巡っている――。

その差は、ますます開くばかりだったが、笑子にも、肩入れをしてくれる旦那がついた。

町内の酒屋の主人である。

大柄で、太鼓腹、声も大きく、言動は、粗野でざっくばらん——。

和江の旦那のスマートさに比べると、全く対照的な人物であった。

彼の正妻も、飯坂の元芸者であり、私の義母の同輩でもある。

この頃、既に、女一人、男三人、併せて四人の子持ちであった。

月一度、二度であるが、宴会が終わると、笑子を送りがてら、置屋の私の家に、顔を出す。

笑子は、この太鼓腹の旦那に、世話女房宜しく、添うようにして、あれこれ、気を遣っていた。

ある夜、いつもの通り笑子を従えて、この旦那が、ずかずかとあがって来た。

たまたま、東京から遊びに来ていた、幼い私の従兄弟《いとこ》が、巨大な体躯と、大声に、びっくりしたのか、悲鳴をあげるような泣き声を出すほど怯《おび》えてしまった。

彼は、町のボス的存在で、酒類販売卸組合の会長や消防団長など、幾つか〝長〟のつく役職を持っており、後日、町長にも就任している。

人の面倒見は良く、倒産の危機を救ったり、商売を新しく始めさせるなどなど、世話をしてやった人は沢山いたようだ。

ところで、当時、飯坂の芸妓置屋組合では、年に一度、町にある劇場兼映画館を借り切って、踊りの発表会を行なっていた。

東京新橋の「東をどり」や京都先斗町《ぽんと》の「鴨川踊」を真似たものだが、勿論、規模は、遥かに小さい。

しかし、年に一度のことでもあり、出演する芸妓を抱えている置屋の女将達は、踊り大会の準備に走り回っていた。

また、出演の決まった芸妓達も、晴れの舞台だけに、懸命のおさらいを重ねている——。その熱気は、共に生活している幼い私達や仕込みっ子、女中達にも伝わり、挙げて、昂奮《こうふん》状態を醸し出していた。

わが家からの出演は、踊りに年季の入っている和江と笑子の二人。

その年の和江の演し《だ》物は、長唄の「藤娘」。

後見には、歌舞伎関係者が、東京から来ている。唄、三味線などの地方《じかた》には、ベテランの姉芸者達。

衣装も絢爛《けんらん》豪華。本人の美しさも手伝って、絵から抜け出してきたようである。

派手好みの和江らしい舞台——と言えた。

だが、後見への謝礼、旅費、宿泊費。地方を務めてくれた姉芸者達や陰でこまごまと支えてくれた人達へのお礼や弁当代。舞台の装飾やら装置代などなど、総てが、立方《たちかた》の和江が持たなければならない。

今の金額にすれば、三百万円を超えていたであろう。

これだけの贅沢《ぜいたく》も、和江の旦那が、すんなり出してくれている。

和江の派手な舞台に対して、笑子の演し物は、地味であった。

題名も覚えていないが、流行歌からで、歌詞の初めは、次のようなものだった。

七つ八つから　器量良し
十九、二十で帯解けて
解けて結んだ恋頃も……。


町娘の振り袖姿で踊る笑子からは、楚々《そそ》とした風情と哀愁が漂っていた。

旦那に余り多くの無心をしたくない笑子の心配りからであろう。

この時の踊りは、二人とも素晴らしかったと思っている。

今でも、幼い頃に見た二人の踊りが、折にふれ、ビデオの再生のように思い出せるからである。

ところで、勉強したわけでもないが、私は、踊りの上手、下手は、腰の坐りと目線にあると思っている。

旅行をすると、芸者達が揃って、御当地音頭などを踊ってくれる。

踊り始めると新米さんは、すぐに判ってしまう。腰が浮いて安定度が無く、目線が落ちつかない。手ぶり、足の送りなど、ついて行くのがやっとなのであろう。

踊り込みが足らない証拠である。

踊りぬいていると、手足の動きは、ほぼ、無意識になっている。

踊りに自信を持ち始めると、腰が定まり、目線が踊る心を伝えてくれるように、思えてくる……。

寒稽古の三味の音

私の幼い頃、年が明けて、寒に入ると、三味線の音で目覚めることが多かった。義母が先頭に立っての寒稽古《かんげいこ》を始めるからである。

塀に囲まれている裏庭に、縁台を出し、その上に座って、一斉に弾き出す――。時には、調子をあげて、高く、速く、時には低く、ゆったりと……。

年季が入っているだけに、子供心にも、心地良い響きであった。

起きるには、早すぎるので、私は、布団の中で、手足を丸めながら、聞き入っていた記憶がある。

三味線が身近にあり、その気になれば、芸妓達が、手取り足取り教えてくれたであろうが、不器用な私は、まったく、その気にならなかった。

だが、たまに東京から来る三味線の師匠の音や彼女達のお陰で、三味の音を聞けば、上手か、下手かが、判ると思っている。

これも、耳学問の一つかも知れない。

このような三味線の寒稽古ばかりでなく、一流と言われる芸妓達は、血の滲《にじ》む精進を続けながら、芸事を身につけていった。

総檜《ひのき》造りの旅館を建てた「三代目君太郎」が、その努力を、ふと漏らしたことがあった。

彼女の得意は、舞踊である。

一年に二度、十五日間ずつ、東京から踊りの師匠が来る。

十時から始まる稽古に、彼女は、午前五時半には、舞台のある部屋に行っていた。

まっ先に教わると同時に、後から来る芸妓達への指導を見て、踊りのポイントを自分のものにするためであった。

芸妓が、置屋に戻って、息を抜く頃は、もう午前零時を、とっくに過ぎている。毎日、午前五時半に稽古場に居ることは、大変なことであろう。

踊りを教えるにしても、お嬢様達を扱うのとは、全く違っていた。

師匠の持っている扇子は、形の決まらない芸妓の首、腕、手先、腰、太股《ふともも》を容赦なく叩《たた》く。

離れて踊っている妓には、扇子が飛んで行くこともある。

また、三味線の上手な妓も、撥《ばち》の持ち手の方で、よく叩かれたという。

「痛かったワ」——の言葉が、必ず続く。

撥の先で叩けば、先が手に突き刺さり、大怪我《けが》をするからであろう。

芸妓の世界も厳しい。

お座敷で、勝手なことをしたり、生意気な口を利いたり、踊りを間違えたりすると、先輩芸者から声がかかる。

「お座敷が終わったら、私の家へお寄り」——勿論、きついお説教である。

ところで、毎日のことではあるが、夕方近くなってくると、昼とは裏腹に、置屋の空気は、にわかに、活気に満ちてくる……。

お座敷へ出る化粧を、一斉に始めるからである。

その中心は、芸妓達の居間、私の家では「芸者部屋」と呼んでいた。

広さ十畳。窓側に人数分の鏡台が、一列に並んでいる。

芸妓全員が、もろ肌ぬぎになって、その鏡台の前に、ずらりと並ぶ。

そして、まず、顔の化粧から始めるが、もろ肌ぬぎになっているのは、お白粉《しろい》を顔ばかりでなく、首廻り、背中、二の腕の上部まで塗るためである。

背中の上部などは、自分では、手が届かないので、芸妓同士か、女中が手伝うことになる。

芸妓の着付けは、素人とは違い、後ろの襟《えり》を大きく空け、胸元をゆったり目にする。

この着方だと、首が長めに見え、鳩尾《みぞおち》や背中が、ちらりと見える。

このちらりと見えるあたりを、白粉で隠し、お客に、色気を感じさせるのであろう。

また、胸の小さな妓、大きすぎる妓には、着付ける前に晒《さらし》を巻く。

出来上がりは、両者とも、丁度よい、ふっくらとした形になる……。

「粋《いき》さ」の演出といえるかもしれない。

「芸者部屋」の人数は、出入りはあったが、いつも、六人か七人——。布団を敷きつめると、歩く隙間もない。

当時は、地毛で日本髪を結っていたので、今では、お目にかかれない箱枕を使っていた。

勿論《もちろん》、話を進めている和江も笑子も、この芸者部屋で育っている。

二人は、相前後して、それぞれの旦那に落籍《ひか》された。

置屋である私の家に支払われた身請けの金は和江が三千円。笑子は、七百円。

和江は東京へ。笑子は町内の裏小路に家を持った。

和江は、女中付き、笑子は、女中もいない一人暮らし。

和江に比べ、華やかとは言い難い、人生スタートであった。

自ら、「売れない芸者」という彼女は、若い女性なら、誰《だれ》でもが敬遠しそうな、太鼓腹のこの旦那に、誠意を尽くし続けた。

初めのうちは、折りを見て通ってきていたが、居心地が良かったのであろう、いつの間にか、本宅より、笑子の妾宅《しょうたく》に泊る回数が多くなっていた。

狭い町内のこと、通りで、本妻とばったり出会うこともある。

本妻は、年も遥かに上、しかも、花街での大先輩、丁寧にお辞儀をするが、「けがらわしい！」といわんばかりに、そっぽを向かれてしまう。

身をかがめ、逃げるように、小道へ——このような肩身の狭い思いを、幾度か経験してきている。

沢山の子供達を育て、奥様然としてきた本妻より、尽くしてくれる笑子の方へ、足が向くのも、自然な成り行きであった。

しかも、笑子は、旦那の長女より少し年上の若さである。

美人とはいい難いが、何くれとなく、気配りもしてくれる——「可愛いやつめ！」と、思う心が、余り持てない男の心に広がって行ったのであろう。

ついには、本宅の方へは、ほとんど帰らず、妾宅の笑子の家に住むようになってしまった。

そして、二年毎に一人ずつ、三人の男の子を産んだ。

ざっくばらんな旦那は、この三人に、面白い名前を付けた。

伊達政宗を、こよなく尊敬していた彼は、長男に「政雄」、次男に「宗雄」、三男に、「公雄」——三人併せて「政宗公」である。

その頃、旦那は、温泉町の町長の座に就いていた。

本宅には戻らず、妾宅、笑子の家から役場に通う。

田舎町のこと、朝となく夜となく、町会議員や町内会長、役場職員が、相談や報告のため、押しかけてくる。

笑子は、三人の腕白坊主たちを育てながら、これらのお客の接待に、忙しい日々を送っていた。

旦那の出張の時でもあろうか、彼女は、自分の好きな、温泉名物、一味庵の〝温泉まんじゅう〟を買って、時々、私の家を訪れ、近況を報告していた。

このけしまんじゅうの餡《あん》は、自宅で作るだけあって、何年たっても味が変わらない。私は今でも、手土産のために買い求めている。

旦那も、糖尿病の悪化や心臓疾患で、町長を退き、療養の日々に入った。

子供達も、手がかからなくなっていたので、付きっきりで看護に努めている。

死期を悟った旦那は、長男が経営できるガソリンスタンドを作り、次男、三男の学業に困らぬよう、家作数軒、貯金通帳などを遺してくれた。

笑子は、旦那の死後、本宅と同じ菩提寺であるが、自分の墓を作り、分骨してもらい、旦那の戒名を彫んだ。

この旦那は、同じ寺の中に、二つの墓があることになる。

その後、彼女の墓参日課が始まった。雨の日も、風の日も、そして吹雪の日も……。

私の家の墓もあるので、そのついでに、掃除、草取り、そして花をあげてくれていた。

当時、私は、大阪や東京、郡山などへの転勤で、故郷を離れていることが多かったが、墓は、彼女が守ってくれていた。

おひきずりに稲穂

祇園《ぎおん》では、舞妓に旦那ができ、一本立ちの芸妓になる日が近づくと、ひと目で、それと判るように、装いの一部を変えると言う。

訳知りでなければ、どこが違うのか、同じ舞妓姿なので、見分けることができない。

これまで、私が、舞妓の入った宴会に出たのは三回のみである。しかし、一度だけ、この一本立ち間近の舞妓に会うことができた。

その宴会のこと、一人の舞妓が、私の前に座り、酌を始めた時、はっと気がついた。

私は、酌を受けながら「このことが、それを意味しているのか」と納得し、低い声で、「おめでとうさん！」と言ってみた。

彼女は、

「おおきに……」と、恥ずかしそうに頷《うなず》いていたが、間もなく、私から逃げるように、離れた席へ行ってしまった。

彼女の短い言葉、恥ずかしそうな身のこなし、話の接ぎ穂もない……。

私の推測が、当たっていたのであろうか。

種を明かせば、彼女の髪の後ろ側につける「かのこ」と言う布が、赤でなかったからである。

舞妓は、水揚げが済むと、髪型を、これまでの「割れしのぶ」から「おふく」へ。

そして、「かのこ」を赤一色から模様ものに変えるのである。

髪型など、本当の所、細かい部分まで、私に判る訳がない。

舞妓の結う「割れしのぶ」と「おふく」の区別など、今でも、つけようがない。

色だけなら私にも判断できる。

それは、それとして、私の育った置屋にも幾つかの「しきたり」があった。

前にも紹介したことだが、旦那が決まり、半玉から一本立ちの芸者になる時、まず、踊りか、三味線の試験があった。

私の義母も含めて、何人かの置屋の女将が試験官になっている。

私の家では、試験官の抱えっ妓が「芸ができないのでは、恥になる」——とばかりに、日頃より、厳しい稽古を続けていた。

合格すると、特別に「御披露目」をする。

髪は島田、着物もこの日のために新調し、着付けは、おひきずり。左褄《ひだりつま》を取って、町内の宿屋、待合、同業の置屋を、一軒一軒、挨拶《あいさつ》して廻った。

引出物は、踊りにも使える絹の手拭で、本人の源氏名が入っている。

その他のしきたりでは、芸妓が、お座敷へ行く時、玄関で、送り出しながら、その後姿に向かって、仕込みっ子か、女中が「火打ち石」を切った。

縁起を担いでのことであろうが、この「火打ち石」の歴史は、意外に古い。

『古事記』のヤマトタケルノミコト（倭建の命）の項に記載されている。

倭建の命が、焼津《やいづ》で火攻めに遭った時、叔母から贈られた「草薙剣《くさなぎのつるぎ》」と「火打ち石」で、敵を逆襲、勝利を収めた――とある。

これに因《ちな》んで「難を免れる」ことを祈っての風習だと言う……。

花街では、どこでも、芸妓がお座敷へ行く時、この「火打ち石」を切っていたようだ。

子供心にも、ひときわ華やかに感じたのは、芸妓達が、正月の装いを終って勢揃いした時である。

島田を新しく結い直し、前髪に一本の稲穂を挿し、着物をおひきずりにする。

歩くと、優しい衣擦れの音、そして、前髪の稲穂が一斉に揺れる。

鬢《びん》付け油と白粉の香が、ほんのりと部屋いっぱいに漂う……。

芸妓が、髪を稲穂で飾り、おひきずりにするのは、正月だけであった。

新年の芸妓の装いと髪型

ところで、太鼓腹で元町長との間にできた笑子の三人の男の子供達は、三人とも、今が盛りの社会人に成長している。

長男の「政雄」は、父親を彷彿《ほうふつ》とさせる容貌、体躯で、同じように声も大きい。

父親が、創立してくれたガソリンスタンドを、夫婦共稼ぎで、長年、経営を続けてきている。

大きな体の割に、労を惜しまず、こまめに動く——。

お祭には、先頭に立って、祭屋台を担ぎ、近所の子供達に太鼓の打ち方を教える。

祝儀、不祝儀があれば、裏方の仕切りを、一切引き受け、指揮も執る。

「政雄」の長男は、大学を出て、家業のガソリンスタンドを手伝い、次男は、地元の銀行に就職した。

長男に女の子が生まれ、現在小学生、笑子の曾孫《ひこ》である。

次男の「宗雄」は、どちらかと言うと小柄で、スリム。肩書きは、薬学博士。

地元の薬品会社の幹部に、成長している。

博士号を取った論文のコピーを届けてくれたが、私には、ちんぷんかんぷん――。

表題は「非ステロイド性抗炎症剤の合成研究」とある。

彼の趣味は「釣り」、中でも「鮎《あゆ》釣り」が得意で、季節になると、毎年、大きさを揃えて十四ほど届けてくれる。

養殖と違って、川で釣った鮎は、塩焼きにすると苔《こけ》の香りが、口いっぱいに広がり、昔ながらの味に、思わず舌鼓を打ってしまう。

三男の「公雄」は、地元の自動車販売会社に就職、現在は、幹部として、指揮に当たっている。

長男ほど大男では無いが、顔つきは、父親そっくり――。

この三人の兄弟は、進学、就職など折に触れ、相談を受けていたので、私には、歳の離れた弟のような思いがある。

ある時、次男の「宗雄」が、

「商売をするなら高校卒でも良いが、サラリーマンになるなら大学を出るべきだと、あなたに教えてもらい、迷っていた進路を決めることができました」と、言ってくれた。

私は、その発言をすっかり忘れており、言ったような気もするが、言ってないような気もしている。

本妻の子供達より、二号さんの子供達のほうが、立派になっていると、町の中の評判も良い。

長男とは同居だが、次男、三男の嫁達も、折を見ては笑子を訪れている。

自らを「売れない芸者」と言っている笑子のほうが「売れっ子」だった和江より遥かに幸せな老後のようである。

〃芸妓になりたい〃

私の幼い頃、我が家の女中をしていたのが「おのぶ」さん。

兄弟姉妹の多い農家の出身で、気丈な働き者である。

置屋の家事一切を引き受けながら、私の面倒もよくみてくれた。

着替えから朝昼夜の食事、寝小便の始末まで、また、本を呼んでくれながらの添い寝、私がなかなか寝付かないと、背負って、寝るまで夜の町を歩き廻ってくれた。

彼女は結婚前の二十歳位である。

不思議なことだが、子供の頃から今に到るまで、置屋の女将である義母の肌を恋しいと思ったことはないが、このおのぶさんの肌には、なんとなく母の匂いを感じていた。

現在九十歳を超している。

彼女の子供達は勿論《もちろん》のことだが、初めて会うおのぶさんの親戚《しんせき》の人達まで、私を旧知のごとく、親しみを籠《こ》めて接してくれる。

彼女が自分の子供を自慢するように、誰にでも、私の幼年時代から現在に到る話を、繰り返し、繰り返し、語ってきたからであろう。

たまに訪れると、顔中に笑みを浮かべ、抱きかかえんばかりの仕草で迎えてくれる。

蛍にも迎へられたる乳母の里

私の〝乳母俳句〟は、すべてこの人を頭に描いている。

彼女は地元の大工さんと結婚、畑仕事もしながら、一男三女、四人の子供を育てあげた。

現在では息子が父親の大工を受け継ぎ、立派な棟梁《とうりょう》となっている。

私のささやかな自宅はこの親子に建ててもらった。

置屋をやめてからも、おのぶさんとは、親戚づきあいを続けてきているが、この他にも、私の小学校時代、中学校時代を一緒に過ごした四人の女性たちとも、同じように交流を続けた。

そのうちの二人は、私より五歳年上の「二代目静葉」と「力弥」。

また、一歳年上の「初代君太郎」、もう一人は、一歳年下の「信子」。

二代目静葉は家族を救うための身売りでなく、自ら希望して芸者になった。

実家は、当時、福島県の会津若松市で、証券会社を経営していた。

子供の頃から踊りや三味線を習っていたが、小学校を卒業すると、「舞妓になります」——の置手紙を残し、京都目指して家出した。

慌てた親達は後を追いかけ、連れ戻したが、「どうしても芸者になりたい」と言い張り、脅しても、すかしても効き目がなかった。

遂には親のほうが折れ、安心して働ける置屋を、伝《つて》を求めて探し始めた。

私の家には町内の大手旅館の女将から、依頼があり、断るわけにもいかず、引き受けたようである。

容貌は十人並みだが、芸事が好きで素養もあり、間もおかず、半玉仲間のリーダー格となった。

どちらかと言えば、姉御肌の性格、生活ぶりも鷹揚《おうよう》である。

芸者になった事情が事情だけに、借金を背負っての抱えっ妓とは、扱いがどこか違っていた。

だが、契約には何年かの縛りがあり、生活は、皆と一緒の芸者部屋である。

彼女の実家からは、季節になると、会津の「真桑瓜《まくわうり》」や「身不知柿《みしらずがき》」が送られてきた。

芸妓の親元から、定期的に物が届けられることなど、かつてなかったことである。芸妓の親が何かを持ってくる時は、決まって、借金の追加願いである。

採算のあう妓なら年季奉公の延期で済ますが、度重なると、鞍替《くらが》えになる。

鞍替えとは芸妓や遊女が、働く場所を替えることで、その妓の借金はその度に、増えていく……。

一、二年も過ぎぬうちに、私の家から消えていった妓も何人かいた。

これらの人達は、面影程度は覚えているが、その後の消息はほとんど判らない。

最近になってからだが、別の置屋で育った老芸妓が、

「お宅はよかったわよ。私の育った置屋は、朝昼とも、おみおつけに、沢庵ふた切れ、お腹が空いて、空いて……」――と語ってくれたことがある。

私の家の食事は家族も芸妓達も、同じものを食べていた。ご飯の量も制限していない。

時々、義母だけは食事中、席を立って寿司屋に行ってしまうのだが……。

静葉と前後して、我が家に来た力弥は小柄で、ほっそりして、色白、一見、男好きのするタイプで、岡惚《おかぼ》れするお客の数は多かったようだ。

だが、三味線もほとんど手に持たず、踊りも逃げ廻っており、芸事は苦手だった。

静葉とは、対照的な生き方をした芸妓である。

特技は「深酒」、町の中を着崩れした座敷着を引きずりながら帰ることも度々――。

芸妓が正体もなく酔うことはご法度《はっと》で、その度、義母に叱られていたが、性懲りも無く繰

り返していた。

謝る時は「これからは、もう致しません」――と、しおらしく言うのだが、改まることはなかった。

私が小学生も終りの頃、一つ年上の君太郎が加わった。

少々、顎《あご》が出ており、徒名《あだな》は「花王石鹸」、図抜けてのお人よしである。

義母の女将が出かけている間に、力弥が、大虎になって帰った時など、急いで布団を敷き、寝かせつけ、引きずって汚れた着物を拭き取るなど後始末をして、そ知らぬ顔をしていた。

姉芸妓の力弥が、叱られないための心配りである。

私に学校まで弁当を運んでくれたのも彼女であった。

桃割れの日本髪で登場する彼女を、同級生達は、好奇の目で見つめていた。

中学生(現=高校)の時、私が義母の留守中、煙草を三箱ほど持ち出したことがあった。

戻った義母は「私の煙草《たばこ》を持っていったのは誰!」と大声をあげている。

たまたま、近くにいた君太郎が私を指差した。

思わず頷《うなず》くと、すくっと立って、

「私です!ご免なさい」――と、私の身代りとなって、叱られてくれた……。

士族出の半玉

私が小学校六年生のとき、一歳年下の女の子を義母が連れて来た。我が家の最後の芸妓となった「信子」である。

信子が我が家の一員になったのは、彼女の親戚一同の話しあいの結果であった。

年端もゆかぬ彼女を残し、両親共にこの世を去ったが、そのあとには借財だけが残されていた――。

親戚《しんせき》達も、食うだけで精いっぱい。彼女を引き取ることで、借財も背負うことを避けたかったのであろう。

彼女を芸妓見習いとして、身売りさせ、その前借で親の借金を返すことに決めたようである。

その話が、人を介して私の家に伝えられた。併せて、彼女の家系が「士族」であることも……。

明治以降の戸籍法では江戸時代の身分を踏襲して、国民を華族、士族、平民、新平民などに区別していた。

現在の戸籍では、廃止されているが――。

華族は大名など爵位を与えられた階級。

士族は、武士階級。

平民は、農、工、商などに携わる一般の人々、国民の大多数が平民であった。

従って「士族」は、一般人より身分が高いと思われている。

だが、武士の商法は失敗が多く、官吏や教師にでもならなければ、零落《おちぶ》れた人々は数えきれないであろう。

信子の家も、その一つと言えよう。

私は義母に連れられて、彼女の家へ一度だけ行ったことがある。

多分、彼女の下見のためであったと思う。うろ覚えではあるが、一つだけ、鮮明に記憶に残っていることがある。

それは家具などほとんどない部屋の長押《なげし》に、鞘《さや》つきの槍《やり》が掛けられていたことである。

「士族」を物語る唯一のものであったのかも知れない。

私の家では士族出の芸妓は、初めてであった。

義母は「あの妓は士族の出らしいでしょう！」と来る人毎に吹聴《ふいちょう》していた。

確かに士族の出らしく、子供ながらおっとり型で品もよく、喋《しゃべ》りまくったり、人に食いつくような言い方はしなかった。しかも、色白。

この信子に注目し出したのは私の同級生達であった。

「愛染かつら」などの映画で、当時、人気のあった「田中絹代」に似ていると誰かが言い出した。

私は余り似ているとは思わなかったが、同級生達は彼女を呼ぶ時「おめんちの田中絹代！」で、通ずるようになった。

そのうち、少々ませている同級生が、小学五年生の信子にラブレターを手渡した。

家に帰ると、信子がそのラブレターらしきものを私に渡し「びっくりしちゃった！」と、ひと言つけ加えて、芸者部屋に戻っていった。

中に何が書いてあったのか、今では、まったく思い出せないが、多分、熱烈な愛の言葉などなかったのであろう。

私はこのラブレターを、誰にも見せず、誰にも言わず破り捨てていた。

彼女の本名は静子である。

私は、相撲《すもう》大好きである。彼女を「相撲しようよ」――と誘った。

彼女は嫌《いや》な顔もせず、頷《うなず》いている。

それから、暫くの間、夕食後、十畳間で、毎日、相撲をとった。

彼女は、思ったより、しぶとかった。両手で、私の両腰をしっかり捉《つかま》え、体重を乗せてくる。ぶらさがられている感じであった。

投げ飛ばすことなど、到底できず、もみあっているだけだった……。

勝負は、いつも、彼女が、ずるずると膝《ひざ》を着いて終った。

六年生と五年生の時である。

彼女は、この相撲を、仕方なく付き合ったのか、楽しんだのか、余りもの言わぬ彼女から聞くことは無かった。

小学校を卒業し、半玉としてお座敷に出る時、義母は自分の芸妓時代の源氏名「信子」を、彼女に与えた。

義母は頭もよく、上品さをたたえている彼女を一流芸者に育てようとしている証《あかし》であった。しかし、和江、笑子、静葉ほど、器用ではなかったようで、芸の面では頭角を現すことはなかった。

この信子の親戚《しんせき》は、戦後、魚屋からスーパーに転身、現在では、何軒かのチェーン店を福島市内に持っている。

その頃、我が家の妹もすくすく育っていた。もちろん、義母の旦那の娘である。この置屋物語の初めで、この旦那を「長身、細身の紳士」――と紹介したが、長ずると父親似なのか、私の身長など忽《たちま》ちに追越してしまった。

義母はこの妹と私を結婚させたかったようで、知り合いの何人かにお茶飲み話の中で語っていた。

町中の小さな噂《うわさ》になって、口さがない小母さん達に、私は、時々、「もう、未来のお嫁さんが決まって、良いこと」――などとひやかされていた。

産まれた時から一緒に育ったので、妹として可愛いとは思うが、それ以上の気持ちには、どうしてもなれなかった。

幸い、妹も兄として、大切にしてくれたが、特別な思いは抱かなかったようである。

今では亡くなった妹の孫達が、私達を、「おじいちゃん！」「おばあちゃん！」と呼びながら、時々、遊びに来てくれる。

子供のいない私達にとって、それが至福の刻《とき》となっている。

ところで、私は地元の商業学校（現＝高校）に入り、福島市までの電車で通学をしていた。

第二次世界大戦中の日本、軍国主義の時代で規律も厳しかった。

父兄同伴でなければ、飲食店、映画館に入れなかった。

見つかれば、停学（登校禁止）、度重なれば退学である。

私は我が家の静葉を利用して、この網を幾度かくぐり抜けていた。

この作戦を相談すると、五歳年上で姉御肌の彼女は、喜んで賛成してくれた。

その頃の学校の土曜日は、午前中で終わる。

この土曜日、静葉に、早い時間のお座敷予約がない時に行なわれる。

時間を決めて、繁華街で落ちあい、一緒に食事を摂《と》り映画館に入る。

素人っぽい姿の二代目静葉

演《だ》し物は当時の最も有名な喜劇俳優の「エノケン」ものか、時代劇の「チャンバラ」もので、他愛のないものであった。

費用はすべて彼女持ち。

彼女は頭髪から化粧、着物の柄、着付けまで、素人風に装っている。

知らぬ人が見れば、芸妓とは思えぬ風情であった。

ほとんど見つかりもしなかったが、一度だけ、映画館を出た所で怖い柔道部の先輩とバッタリ……。

不審の目つきで、私の方へ歩み寄って来た。

私は、挙手の礼をしながら、静葉を指して「姉です！」と叫んだ。

着物姿の彼女に目を移した先輩は、にっこり微笑《ほほえ》む静葉を見て、やにわに緊張、「あっ！お姉さんでありますか。し、しつれいしました」と、手足を硬直させながら挙手の返礼をしていた……。

ブルドッグ闖入《ちんにゅう》

自分から、好きで芸者になった静葉は、生涯、私を我儘《わがまま》な弟として、処遇してくれた。

彼女が我が家に来て、半玉になった頃、私はやっと小学校に通い始めたばかりで、出会いから、大人と子供の差があった。

私が大人になっても、彼女の目にはフィルターがかかっており、私の幼い頃とだぶっていたようである。

茶目っけのある彼女は、私の姉になりすますことを、案外楽しんでいたのかも知れない。

だが、いつも陰から応援し、見守っていてくれたことも確かである。

ところで、私の最後の〝おねしょ〟は小学校一年生の時、いち早く見つけて、布団や寝巻を取替えてくれたのが、静葉であった。

また、小さな行火《あんか》を、引っ繰り返し、煙が出始めたところに、駆けつけ、火の始末や布団の取替えをしてくれたのも、やはり静葉であった。

子供心にも、大変な失敗をしたと思っており、恥ずかしさの余り、畳の上で、寝たふりをしていた。

後片付けが終ると、私を抱きかかえ、新しく敷いた布団の中へ運んでくれたが、翌朝、彼女は、何も言わなかった。

中学生も上級になりかかった頃のある日、私の部屋の近くで静葉の、誰かを叱る声がした。

「みだりに、お兄ちゃんの部屋へ行っちゃ駄目よ！」

——と、
この声に反応するかのように、廊下を遠ざかって行く三人ほどの足音が聞こえた。

他の置屋の抱えっ妓達が遊びに来ていて、「お兄ちゃんを驚かしてやろう」と、忍び足で、私の部屋に近付いて来たのを、静葉に見咎《とが》められたらしい。

若い芸妓が、一番怖いのは、芸達者で、元気のよい姉芸者である。口八丁、手八丁の静葉には、一日も二日も置いていたようだ。

二代目静葉の踊り姿

また、ある日の夜遅く、玄関の戸を、しきりに叩《たた》く音がした。

何事？　と、私を初め、芸妓達一同が、玄関に集まってくる。

耳を傾けると、

「よしろう！　起きろ！」「起きろ、はしもとよしろう！」と、わめいている。

特徴のあるだみ声、英語の教師「K」である。

彼は、教師にしては、言葉遣いが荒く、何時も怒鳴っているような感じだった。

しかし、口の悪い割には、どことなく、人の良さと、愛嬌《あいきょう》を漂わせていた。

徒名《あだな》は、〝ブルドッグ〟。――全校生徒の誰もが、納得して呼び合っている。

玄関を開けると、よろめきながら、ブルドッグ先生が入って来た。

呂律《ろれつ》のまわらぬ言葉で、

「よしろう、お前の布団に寝かせろ！」と言っているらしい。

いかに先生とはいえ、正体もなく酔っぱらっているブルドッグと一緒に寝るのは、御免蒙《こうむ》りたい。

私が、返事に困っていると、姉さんかぶの静葉が、若い芸妓二人に「二階に行って、急いで布団を敷いて！」――と、命令した。

私の家の二階は、一間だけだが、客間になっている。

静葉は、残っている妓に、水を持って来させ、訳の判らぬことを言い続けているブルドッグを、だましたり、すかしたり……。そして、水も調子よく飲ませている。

芸妓達に抱えられながら、ブルドッグは、二階に運ばれて行った……。

翌朝、二日酔いで寝ているブルドッグを残して登校した。

昼の休憩時間、ブルドッグと仲の良い国語の教師が「校長室へ来てくれ」と伝言してきた。

恐る恐る校長室の戸を開けると、そこには、呼び出した国語教師だけが待っていた。

「きのう、K先生が、酔って、君の家に泊まったのか？」

「夜遅く、来られました」

「K先生が、君の家に泊まったこと、誰《だれ》にも言わないで欲しいのだが……」

暫《しばら》く、黙っていると、

「頼むよ」――日頃になく、優しい言葉遣いである。

「判りました。誰にも、しゃべりません」

と、きっぱり答えて、校長室を出た。

確かに、変な噂《うわさ》として流されれば、ブルドッグに疵《きず》がつくかも知れなかった。

それはさておき、静葉は、朝の御飯を二階へ運び、給仕もし、着替えも手伝ってブルドッグを送り出してくれたらしい。

学校の廊下で、出会ったブルドッグは
「おお、はしもと！　この前は……」と、言いながら、照れくさそうな笑みをもらしていた。

だが、半年も過ぎた頃、また、玄関の戸を叩く音がした。

ブルドッグである。

二度目なので、静葉は、若い妓達に手伝わせながら、忽《たちま》ち、二階へ連れて行き、寝かせた。

飯坂から、ブルドッグの住む福島市までは十キロ、最終電車は、とうに出ている。

またまた、宴会で呑みすごし、帰るチャンスを逸したのか、それとも、判っていながら、艶《なまめ》いた雰囲気に、もう一度、浸りたくなったのか――。

国語教師との約束もあり、ブルドッグの闖入《ちんにゅう》は、誰にも、漏らさなかった。

噂《うわさ》にもならぬことに安心したのか、半年も過ぎた頃、またまた、我が家の戸を叩いた。

宿泊代も、玉代もいらない、貧乏教師の職権乱用気味の芸者遊びといえる。

これが、私の先生でなく、宴会で、顔を見知った程度のお客なら、静葉の啖呵《たんか》の二つ三つで、追い返されたであろう。

どう考えても〝粋《いき》な遊び〟には、ほど遠いが、それが、また、ブルドッグらしいところなのかもしれない。

たまたま、ブルドッグと二人だけになった時、珍しく、しんみりした声で、

「静葉さんは、親切で、気が利いて、良い芸者さんだネ」と呟《つぶや》いた。
私は「そうですネ」と苦笑するほかなかった。
二回目からの戸叩きは、ブルドッグ先生の儚《はかな》い片思いの衝動だったのかもしれない。
ところで、私の英語の成績は、少しも上がらなかった。

代筆ラブレター

静葉と同年輩で、酒に呑《の》まれることの多い力弥について……。

色白、顔も唇も手も足も、総て華奢《きゃしゃ》にできており、一見、可憐な感じを人に与えるのだが、根はなかなかの利かん坊、それに少々狡賢《ずるがしこ》さも併せ持っていた。

彼女は、一見、知的に見える。従って、読書家のお客は、時々、本を手土産の代りに買ってきた——。

お客へは「私、本、大好き！」と言っていたのかも知れない。

彼女は、それらの本を読む事も無く、私のところへ持ってきていた。

記憶にあるのは、堀辰雄の『風立ちぬ』、倉田百三の『出家とその弟子』——。

秋も深まってきた或る日のこと、三畳間の私の勉強部屋の障子が音もなく開いた。

振り返ると、廊下に力弥が座っている。

「お兄ちゃんにお願いがあるの——」

力弥のスナップ

「何の？」

「ラブレターを書いて欲しいの」

仔細《しさい》を聞くと、年を越すのにお金がないから、知っているお客さんに助けてもらいたいのだ——と言う。

力弥は、小学校も満足に行けなかったらしく、読み書きも得意でなかった。

余りにもひどい字や文章だと、愛想を尽かされ、願いに乗ってくれないかもしれない。

そこで、私を利用するのが、一番手っ取り早いと考えたらしい。

私はラブレターなど書いたこともなく、書きあげる自信もなかったが、「ラブレター」と聞いただけで、こそばゆい思いが体中を駆け巡っていた……。

「下書きだけなら書いてみるか」——思わず口走っていた。

「ありがとう！」——力弥は、お礼を言って、そそくさと、芸者部屋へ戻って行った。

それから、私は半日、ラブレター作りに熱中した。

だが、自分が責任を持つことのない手紙だけに、歯の浮くような言葉の羅列だった——。

「暫《しばら》くごぶさた致しております。その後も、お元気におすごしのことと存じあげます。秋も深まり、寂しい気持ちになりますが、その時、私の胸に浮かんでくるのは、あなた様の面影ばかり……。

寂しい私の心を埋めてくださるのは、あなた様だけでございます。

いつも、飛んで行ってお目もじ致したく思っておりますが、それもままならぬこの身、お察しくださいませ。

できるだけ早く、お顔を見せてくださいますよう、毎日お祈りしております。」

こんな言葉を、更に十行ほど付け加えて、最後に、

「私ごとで申しわけございませんが、先月、母が病気になり、入院いたしました。この費用、全部、私が持たなければならず、途方にくれております。

お気持ちだけでも、お送りいただければと思っております。

頼りにするのは、あなた様ばかり、あなた様に甘える私をどうかおゆるしくださいませ。

優しい面影を思い浮かべつつ……。

かしこ」

力弥に原稿を手渡すと、

「うわー、じょうず、じょうず！」と、ゲームでも楽しむかのような、明るい声を出している。

お客と一緒に、私も騙《だま》されているのではないか——との思いが、一瞬、胸を過《よ》ぎって行った。

結局、宛名《あてな》、宛先《あてさき》は違うが、同じ内容のラブレターが五通、発送された。

半月も過ぎた頃、力弥が私の部屋の障子を開けた。

左手に何枚かの紙切れを持ち、

「お兄ちゃん、これ！」——と言って、右手の指二本を鼻の下に当てている。

鼻の下が長く、女に甘い男という仕草《しぐさ》であろう。

「これ、三人から送って来たよ」——左手の紙切れをひらひらさせながら、嬉しそうにはしゃいでいる。

紙切れは為替であった。

同文ラブレター五通のうち、三通が的中している。確率六割。

彼女が受け取った金額は、どれほどのものか、私は知らないが、二、三日後、外出から戻って部屋に入ると、畳の上に新しいレコードが一枚置かれていた。

私が欲しいと言っていたもので、力弥からのお礼らしい。

力弥は芸事は苦手だったが、容貌から多くの客にもてていたようである。

そのうち、妻を亡くした網元が、力弥を落籍《ひか》して、後妻にしたいと言ってきた。

ラブレター五人のうちの一人であったかどうかは聞きもらしている。

朋輩達も、この上ない幸せ――と羨《うらや》ましがった。

だが、後妻の座は二年と持たなかった。

詳しいことは判らないが、人の出入りの多い網元の家を力弥が立派に仕切れるとは思えない。

飯炊きをしたこともなく、料理を作ったこともない。

芸妓のなかにも、しっかりした妓はひまを見つけ、台所を背負っている女中を手伝っている……。

力弥の正月の装い

しかし、彼女は違っていた。

台所の手伝いなど、やったことがなく、また、当番の掃除、雑巾《ぞうきん》がけも理由をつけてはさぼっていた。

かてて加えて、正体をなくするほどの大酒呑みである。

出入りの男性を、チヤホヤして喜ばせる術

は心得ているが、収入支出の計算、子供達の世話、家の中全体の心配りなどなどは、放ったらかしであったろう。

網元の姉妹や親戚の女性達が、声を揃えて力弥を詰《なじ》り出したのは、必然の成り行きと言えた。

知らせを受けた義母は最後の交渉と身柄引き取りのため、網元の家へ行った。

出発する時、

「やっぱり駄目だったのネ」――と、ひと言、溜息をつきながら呟《つぶや》いていた。

母は大損害を網元に与えたのだから、平身低頭して謝るほかなかった。

それでも、網元には、未練もあったのか、当座のお金として、相当のものを包んでくれたようだ。

連れ戻った義母は火鉢の前に、力弥を座らせ、網元に迷惑をかけたことを中心に、お説教をしている。

「ハイ」「ハイ」「すみませんでした」と鸚鵡《おうむ》返しに答えていたが、終って顔を合わせると肩をすくめ、ぺろりと小さな舌を出した。顔は厄を落としたかのように、晴れ晴れとしていた――。

後年、力弥の娘と道端で、ばったり会ったことがある。

彼女は、小学校に入るぐらいの女の子を連れていた。

その子は、水兵服を着せられていたが、色白で、まばゆいばかりの美しさと、可愛らしさを兼ね備えていた。

私は、二の句が継げず、暫《しばら》く、その子をじっと見つめていた。

――まさしく、力弥の孫！　と思いながら……。

お人好しの働き者

私より一歳年上の初代君太郎――。本名は「とし江」、実家は、仙台市と福島市の中間の白石市。

私が小学六年生の頃、芸妓見習いとして私の家に来た。

そして、間もおかず、半玉姿でお座敷に出るようになった。

美人とはいい難いが、人柄が良く、細かい仕事など、労を惜しむことなく、こなしてゆくので、義母や先輩達に好かれていたようである。

前にも紹介したことであるが、中学生（現高校生）の私が、義母の留守中に買い置きしておいた煙草《たばこ》、ゴールデンバットを三箱持ち出して、悪友達と煙りにしてしまった。

戻った義母が、すぐ気づき、

「私のタバコ、持ち出したのは誰！」と怒鳴っている。

私の業《しわざ》と知っている君太郎は、もたもたしている私を尻目に、

「私です！　ごめんなさーい」と、大声で返事をしながら義母の所へ行き、私の身代りになって、叱られていた……。

そのことがあってから、私は君太郎に、友情みたいなものを感ずるようになったが、歳一つの差とはいえ、毎日、お座敷に出ている彼女は大人びていた。

正直者だけに、こっちがドッキリするような話をストレートにすることもある。

私は聞き流すようにするのだが、彼女には、恥ずかしがったり、照れたりする様子はなかった。

芸妓の気持ち、考え方など――今では耳学問をさせてもらったと思っている。

ところで、年に一度ほど君太郎の両親が、白石の名物、温麺《うーめん》を持ってくることがあった。

父は小柄で、腰を低くして挨拶《あいさつ》していた。母親はその後ろで小さくなって座っている。

この温麺は素麺《そうめん》と同じようなものだが、短く切ってあるのが特徴で、短い分、食べ易かった。

この温麺を、私達は「うまい！」と言いながら食べていたが、その度に君太郎の前借が増え、年季は延長されて行った。

しっかりした職を持たないため、娘を頼って不足分を補っていたようである。

女将の義母には、増えるばかりの借金だったが、君太郎を鞍替《くらが》えさせなかった。

それは彼女の人柄を愛《め》でていたことと、なかなかの働き手であったからであろう。

また、彼女には器用な一面もあった。得意は、三味線である。流行《はや》り唄の節を覚えると、飛び込むように戻ってきて、すぐさま、三味線を取り出し弾き始める。

音階を乱すことなどない。二、三回続けると、もう、テンポの速い弾き方になっていた。

彼女が懸命に三味線を練習したのは、半玉時代の終わり頃、一本の芸妓になるための試験に備えた時である。

三味線を選んだ彼女は、持ち前の真面目さで、「長唄」を繰り返し繰り返し、弾いていた。

この技能試験は眉唾《まゆつば》もので、受験者は全員合格することになっていた。

初代君太郎のお座敷着姿

できるだけ、多くの芸妓を働かせたい置屋の女将達が試験官である。

落第生を出すことは、置屋の大マイナスになる。不出来の妓には一応、これから努力することを約束させて許可したようだ。

その点、君太郎は、申し分のない成績での合格である。

試験官の義母も、鼻が高かったであろう。機嫌が良く君太郎を、しきりに誉《ほ》めていた。

しかし、その後の君太郎は、長唄などの三味線には目もくれず、流行歌を楽しそうに弾いていた……。

苦労しながら、三味線をもて余している芸妓を、沢山見てきただけに、彼女の勘の良さには、舌を巻くばかりだった。

ところで、私が中学三年生の時のことである。

夜十時、芸妓部屋にいたのは、私と君太郎と女中の三人、電話のベルが鳴った。

近くにいた私が、受話器を取ると、

「若い妓、一人空いていません？」——旅館の女中の声である。

こんな電話を受けたのは、初めてのことなので、一瞬、戸惑っていた。

私は目線を、君太郎へ向けた。電話の内容を聞かずとも、彼女は判っている。

私へ目線を向けながら、両手を合わせているではないか——。

「誰もおりません」——とっさに、そう答えていた。

その時の私は、ひと夜、彼女を助けた——と思って、少々、良い気分になっていた。

内心、ちょっとした英雄気どりで、自分の部屋へ戻った。

そんな時刻に、私が芸者部屋にいたのは何故だろうか、今でも判らない。

だが、君太郎に手を合わされたことは、克明に覚えている。

後年、思い出した時、突然、別な想いが頭をかすめて行った。

——断ったことで良い気分になっていたのは、彼女への営業妨害ではなかったのか……。

余りにも若い私に照れて、手を合わせたのではなかろうか……と。

彼女にその時の気持ちを確かめなかったので、今では判断する術《すべ》はない。

正直者の彼女は「当たり！」といって、微笑《ほほえ》んだかも知れない。

その後、彼女にも良い旦那がついた。東京の上野に住む鉄工会社の社長さんである。

小柄だが、人の良さが滲《にじ》み出ていた。

軍需景気に乗っている彼は、君太郎を落籍《ひか》し、東京の大森駅近くに家を持たせた——。

学生さんとの初恋

私が、中学校に通っているうちに、六年の義務教育を了えた信子が、半玉となった。私の家が置屋を始めた大正の末期から昭和の初め頃、学校は、四年生まで。あとは、芸事を習い、夜は、半玉としてお座敷に出た。

六年生まで学校に通ったのは、信子が初めてであった。

義務教育の実施が、花街にまで浸透した証《あかし》であろう。

おっとりとして、品の良い信子のスタートは、宿屋などの噂《うわさ》になったようだ。

大きな宿屋の女将が、散歩がてら私の家を訪れる。

義母は、信子に、初歩の「奴《やっこ》さん」や「潮来出島《いたこでじま》」などを踊らせたり、挨拶《あいさつ》させたり、しきりに売り込んでいた。

たどたどしさの抜けない踊りではあったが、宿屋の女将達は「将来、楽しみな妓ね」と言い、可愛らしさを、誉《ほ》めそやしていた。

信子の半玉姿

半玉生活にも慣れてきた信子は、半年すぎ頃から、日曜になると、人目を避けるような行動をとるようになった。

信子らしくなく、早めに起き、いそいそと町へ出て行く……。

薄化粧、桃割れの日本髪、普段着だが、自分によく似合うものを選んでいた。

夜の遅い商売、女将の義母や姉芸者達は、白河夜船である。

今でいえば、中学一年生、可憐《かれん》さが漂っていたであろう。

当時、福島での最高学府は、福島高等商業学校（現＝福島大学経済学部）、通称、福島高商である。

信子のデートの相手は、この福島高商の学生であった。

芸妓達の話では、なかなかの美男子、実家は京都、財産家のぼんぼんらしく、仕送りも他の学生より大分多かったらしい。

このぼんぼんを中心に、学生達十人ほどが、時々、飯坂に来て、宴会らしきことをやっていた。

その席に、数人の半玉が呼ばれる。

座敷は、気楽に歌ったり踊ったり——そして、取るに足らぬ話を勝手気ままに交換し、笑いあう——若者らしい遊びだったようである。

場所は、安い宿屋、山海の珍味には、ほど遠いお膳《ぜん》であろう。

この集いも、自宅からの仕送りや本を売って作ったのが資金、一か月に一度開くのがやっと……。

不足分は、いつも、京都のぼんぼんが支払っていたらしい。

半玉達も、この集いを楽しみにしていたようだ。

半玉とはいえ、お客に呼ばれて行く商売。この座敷に出るためには、いろいろの工夫が必要であった。

半玉同士の連携、中には、姉芸者を拝み倒して、ようやく、集まりに間に合わせた妓もいたようである。

半玉達にとっても、最も楽しく、最も胸はずむ座敷であった。

しかし、泊まるわけにも、余り遅くなることもできぬ半玉達は、十一時過ぎには、それぞれの置屋に戻らねばならなかった。

学生達は、福島へ戻る電車は無くなっている。

毎度のことだが、学生達は、福島の下宿まで、兵隊ごっこをしながら、十キロの夜道を歩いて帰った。

この集まりの中心が、ぼんぼんと信子であった。

最初は、打ち合わせのためであったが、毎日曜のデートとなったようである。

日曜の午前中――この選択は、信子自身の睡眠時間を削って、作りあげている。

毎日、寝るのは、午前一時か二時、いつもなら昼近くに起き出すのだが……。

二人は、温泉町郊外の小山や川のほとりをそぞろ歩きしていたようである。

その様子を見たある芸妓は「絵になりそうな、お似合いのカップル！」――と言っていた。

しかし、信子の初恋も、長くは続かなかった。

きっかけは、ぼんぼんの卒業にあるが、学徒動員など戦時色の濃くなってきたことも、理由の一つにあげられそうだ。

その後、ぼんぼんは、信子に手紙を出したが、本人には、渡らなかった。

義母は、前々から、芸妓達にくる手紙のうち、怪しいものを、湯気を使って開封、点検していた。

何事もなければ、糊《のり》で封をし、本人に渡すが、ぼんぼんの手紙は、握りつぶされてしまったのである。

しかし、この開封によって、足抜きを、きわどく防いだこともあった。

足抜きをねらっている男からの手紙は、約束の件とあり、月日、乗るべき列車の時刻などが指示してあった。

芸妓は、外出を禁止され、駅で待っていた犯人は逮捕された。

義母は、誇らしげに、来る人来る人に、手柄話を繰り返していた……。

私は、この義母をどうしても好きになれなかった。

半玉も、二年をすぎると一本立ちの芸妓になる。その日は、家にいたのだから、休日だったのだろう。

信子

朝から芸者部屋の人の動きが、私の部屋に聞こえるほど賑《にぎ》わっていた。
様子を見に行くと、信子の芸妓お披露目の日だという。
髪は島田、新調の着物をお引きずりにする。化粧も濃い目に仕上げている。
信子に旦那が決まった話も聞いていない。義母は、自分の名を譲った芸妓だけに、衣裳も気張っているようだ。

高商生のデートの時には、むしろ、応援してやりたい気持ちになっていたのだが、この日は、不思議に胸騒ぎがし、落ちついていられなかった。

書斎にいても何もする気になれない。旦那がついて、お披露目を援助してくれたのか――そんな気配は、少しも感じられない。

総《すべ》て、義母が費用を出したのか？……落ち着かないままに、芸者部屋近くへ行く……。

芸者部屋近くへ行くこと三度目、義母に見つかった。

「何をそわそわしてるの！」そう言いながら、私を自分の部屋へ呼んだ。

そして「商売ものに、手を出しちゃ、駄目よ」と、ひと言。

私を見透かして、ずばり釘をさしてきた。

この信子のお披露目が、我が家の置屋としての最後の行事であった。

置屋の廃業

私の家、置屋の裏庭は六十坪ほどの広さ、板塀がコの字型に張り巡らされていた。植木屋が手がけたものであろう。大きな蜂屋柿《はちやがき》が、奥まった所、左右に一本ずつ、更に、梅の古木、さくらんぼの木などが、適当に配置されていた。

その他、躑躅《つつじ》、八つ手、紫陽花《あじさい》、山吹、手洗い隠しには南天などなど……。

私の書斎は、家の一番奥なので、この裏庭に面していた。

ある日、裏庭に出てみると、隣の家の庭から女の子の声が……。

「よしろう、お手！」

「よしろう、ちんちん！」

「よしろう、おあずけ！」

「よしろう、だめよ！」

犬を仕付けているのだろうが、すべて、私の名前が頭についている。

隣の娘は、私より五歳年下の小学生、もらってきた子犬に、私の名前をつけたらしい。

そのうち、頭でも撫《な》でているのであろう、「よしろう、よしよし」――。

全く変な気持ちであった。さりとて、女の子の家へ怒鳴り込む勇気はない。

この女の子は、怒り肩で、顔が四角い感じである。お世辞にも〝めんこい娘〟とは言い難い。

要するに、私は、この小娘の言いなりになっているわけである。

たまらず、義母に注意してくれるよう頼んだが、笑いながら、

「そんなの、ほっときなさい。面白いじゃない」――である。

一応、娘の母親が来て、義母に相談したらしい。気軽に「良いわよ」と許可していたようだ。

この小娘と道で、ばったり会った時は、目をそらし、そ知らぬふりをした。

せめてもの腹いせである……。

ところで、この頃、時局は、ますます厳しい状態になりつつあった。

温泉街は、宴会もなく、泊まりに来る客もほとんどない。

旅館も、置屋も、開店休業――花街の灯はすっかり消えていた。

加えて、置屋の廃業命令、そして下宿開業の指示である。

江戸っ子気質《かたぎ》の義母は置屋はこれでお終いと判断したのか、抱えっ妓たちを、自分の部屋に集め、えいっ！　とばかりの置屋廃業宣言を行なった。

「私は、きょうで置屋をやめる。お前達の借金は、全部棒引きにする。ひと月以内に自分の家なり、身内の所へ戻って欲しい」――そう言って、長年、彼女たちを縛り続けてきた借用証文を一人一人に手渡した。

彼女のこの判断が良かったのか、或は、早とちりであったのか――。

芸妓達は、半月の間に、それぞれ、伝《つて》を頼って、一人残らず私の家を去った。

残ったのは、義母と私と妹の三人……。

ほとんどの人が、これを機に、音信を断った。そして、私の記憶からも消えていった。

「置屋物語」の登場人物は、戦中戦後を通じ、何等かの交流を続けてきた人達である。

その一人、二代目静葉は、一年のお礼奉公中だったが、実家の会津へ戻った。

このお礼奉公とは、契約期間を無事終った芸妓が、返礼として、一年間、その置屋で働くことをいう。

この制度は、どこの置屋も同じだったであろう。

ところで、このお礼奉公をした芸妓は、その花街の「しきたり」を全うしたことになり、一目置かれる存在となる。

後のことだが、飯坂に芸妓の組合ができた時、静葉は押されて組合長になった。

芸事に秀でており、その上、口八丁、手八丁だから当然のことといえるが、やはり、お礼奉公の履歴もプラスになったのであろう。

実家に戻った静葉は、席も温まらぬうち、満州に飛んでいた。兄嫁の出産手伝いのためである。

彼女にとって、二度目の外地——飯坂芸妓達の慰問隊が編成され、中支を巡ったが、選ばれた芸妓八名の中に、静葉の名前もあった。

この時は二か月ほどで戻って来たが、二度目の満州行きは、終戦の混乱に巻き込まれてしまった……。

肝心の兄は行方不明、赤児も生まれる。静葉は、途方に暮れる兄嫁を励まし、街頭に出て煙草売りなどをしながら、兄嫁母子の生活を必死になって支えたらしい。

一方、終戦から半年ほどすぎた頃、義母は置屋を改造、裏庭を潰《つぶ》して、三部屋を建て増しし、待合風の旅館を始めた。

スタートしたこの小さな旅館は、思ったより繁盛し、毎夜、お客や芸妓の出入りで華やいだ。

当時、名の通った大きな旅館は、取締りが厳しいため、遅くまで芸者を置くことができない。従って、二次会を望むお客は、小さな旅館へ案内された。

私の家にも、このようなお客達が、毎夜のように送り込まれてきた。

お客達は、すでに酔っぱらっており、中には虎《とら》になっている人もいた。芸者達も賑やかに商売人は、接待用の宿として使ってくれた。芸妓をすぐ揃えてくれるので、利用価値が高かったのかも知れない。

私の家は、このようなお客ばかりでなく、個人として利用してくれた人々も——。

なりすぎることもあった。


また、愛人との隠れ宿、芸妓との一夜のために——。

ある時、一見、清楚《せいそ》なお嬢さん風の美人が似つかわしくない中年の男性と泊まりにきた。一週間ほど過ぎると、また、彼女が現われた。全く、別な男性と一緒である。そして、一年ほど、違う男性ばかりと……。

女中たちが、しきりに噂《うわさ》するので、一度だけ、玄関に入った彼女を覗《のぞ》き見したが、なるほど、美しさは、輝くばかりであった。

そのうち、何とか、満州から引き揚げて来た静葉が、宿屋の手伝いに来てくれた。

力弥は、お客であった布団屋さんを旦那にして、福島市の一隅に居を構えている。

君太郎は、前にもお伝えした通り、上野の鉄工会社の社長を旦那に、大森住い。

信子は、君太郎の口利きで、君太郎の故郷白石市にいた。

私は東京の大学へ。妹は地元の女学校へ。

私にとっては、もの心ついてから初めて、産みの両親、兄弟と生活を共にした。

新しい置屋

芸妓も、所詮《しょせん》は人の子、生きざまは、やはり十人十色である。

私の家の抱えっ妓ではなかったが、S丸という変わった癖を持つ芸妓がいた。

踊りも、三味線も、そこそこ出来るのだが、その癖が禍《わざわ》いして、仲間の皆んなから嫌われていた。

原因は、誰の目にも、はっきりしていた。だが、本人は、気付いているのか、いないのか、同じことを、平然と繰り返すのである。

若い芸妓達は、時々、誘い合って、夏は、氷水屋、冬は甘いものの店に行くことがある――。

ところが、いざ兵隊勘定になると、S丸は決まって、

「あら、お財布忘れてきちゃった」――そして、隣に座っている妓に、

「あなた、立て替えといて、あとで返すから」……。

立て替えた妓は、小銭でもあり、S丸が返してくれるものと思っているが、どこで会って

も、S丸は、そ知らぬ顔――。

初め、わずかの金でもあり、忘れてしまったのだろうと、善意に解釈して、返金をあきらめてしまう。

だが、S丸は、このような集まりには、いつも、

「あらっ！　お財布忘れてきちゃった」――を繰り返したのである。

S丸のいない集まりの時、一人が返金しないことをこぼすと、何人かの芸妓達が、「私も」「私も」「私も」……と言い始めた。にもかかわらず、S丸は「お財布忘れた」を続けていた。

中には、返さぬと知っていながら、立て替えていたお人よしの妓もいたらしい。

「本当にお金がなかったのか」

「ずるい人間だったのか」

「だますことを趣味としていたのか」

いつの間にか、鞍替《くらが》えで消えていった。S丸のその後は、全く伝わって来ない……。

ところで、戦時中に置屋を廃業、戦後始めた義母の小さな宿の名は、置屋と同じ「曙《あけぼの》」。

そんな時、静葉が、ひょっこり顔を見せた。

兄嫁と赤児を混乱の満州から故郷の会津若松まで、無事、届けたこと、そして、自分も生きて帰って来たことの報告であった。

命を懸けた日々にも拘《かかわ》らず、彼女は、そのいきさつを楽しそうに話している。

久しぶりに顔を合わせたことでもあり、私は、義母とのやり取りを、頷《うなず》きながら聞いていた。

だが、静葉は、その夜から、私の家の宿屋を手伝い始めた——。

女中達への指示、お客への気配りなど、てきぱきと処理していた。

水を得た魚である。

人手の足りない折から、女中頭をしてもらっているのと同じであった。

それから半年、静葉に助けてもらいながら宿屋を続けてきたが、義母は、このまま、便利に使い続ける訳にはいかない——と思ったのであろう。

時々、仕事で泊まりに来ていた、羽振りの良い、色白の美男子と静葉の仲を、取り持ったのである。

気心は、よく知り合っている。或は、お互い、心の底では憎からず思っていたのであろうか、話は、とんとん拍子に進んだ。

美男子は静葉の旦那に、そして、私の家のすぐ近くの家を買い取り、置屋を発足させた。

屋号は、静の一字を取って「静の家」。

まだ若かった静葉は、自らも、女将《おかみ》兼芸妓として再デビューした。

私は、東京で大学に通っており、夏休みで帰ってみると、静葉は、三人の芸妓を雇い、置屋を始めていた。

私は、もう一軒自分の家ができたような感じである。

子供の頃から、弟のように扱ってくれた静葉の家は、自分の家より気楽で、過ごしやすかった。

図体だけは大きくなったが、まだ、子供だと思っているらしい。

当時、私の夏休みの衣裳《いしょう》は、白絣《しろがすり》に高下駄、たまに袴《はかま》をつけることもあった。

午前十時近く、静の家へ行く。玄関は開いているが、皆、眠っている。

茶の間の机には、私が喫《す》っている煙草が二個、一日分として置かれている。

茶箪笥《ちゃだんす》の一番上の扉を開けると、お客用の生菓子——私は、それを、二つ三つ取り出して頬張る。

煙草に火を点《つ》け、煙をくゆらしながら新聞を読む。

やがて、静葉が起きて来る。

「朝ご飯食べる?」

「うん」

「それに、豆腐の味噌汁でしょ?」

「うん」

私は豆腐大好き。それも、にがりで造った固めのもの——それを知っている彼女は、私が帰省すると、必ず、買い置きしてくれていた。

一日中、好き放題にしている私を、嫌な顔もせず、温かい目で見過ごしている。

時々、静葉の家で麻雀《まーじゃん》をやることがある。静葉は負けると、私に支払うが、自分が勝ったときには受け取らない。

一人前としては見ておらぬ「証拠《あかし》」であったといえる。

自分の家に居るよりも、静葉の家で過ごすほうが多くなった。

夜になって、転寝《うたたね》すると、奥の座敷に布団を敷いてくれるので、そのまま泊まってしまうこともあった。

義母は、腹に据えかねたのであろう。

「どっちが自分の家だと思っている！」——と怒鳴った。

旅館業は、まず、お客である。忙しければ、余計者の私は、放っておかれる。本を読んでいる間は、まだ、いいのだが、これもすぐ飽きる。行く先は、居心地の良い静葉の家であった。

この頃、半玉として出るには、少し齢の多い娘が、静の家にきた。どこか知的な匂いを漂わせている。

静葉の実家、会津若松市の証券会社の事務員だったが、親の借金の代りに、飯坂へ来ることになったらしい。

女学校（現＝女子高校）出である。女学校出で、飯坂の芸妓になったのは、これまで、一例も無い。彼女が初めてであろう。

君太郎と名付けられた。二代目君太郎である。

芸事は、何もできないが、女学校出と素人ぽさで、お客に、もてもてだった。

一年ほどで、結婚相手に落籍《ひか》され、飯坂を去って行った。

ところで、静の家の芸者部屋は、茶の間の後ろ、広さは十畳、私は、その時まで入ったことはなかった。

しかし、偶然、入る機会ができてしまった。芸妓Fの友達が訪ねてきた時である。

その日に限って、茶の間に居たのは、私だけだった。

友人が来たことを伝えるため、芸者部屋の唐紙を開けた。

私は、一瞬立ちすくんでいた——。

真夏、部屋の温度は三十度を超している。若い芸妓三人、パンツ一枚、汗取りの手拭を首に巻き、大手を拡げて午睡中であった。顔も、汗まみれの素顔、寝ている方角も、それぞれ、ばらばら、まるで、大きな〝まぐろ〟が投げ出されているようであった……。

銀白米《ぎんしゃり》に鋤焼《すきやき》

私が大学に通っていた頃、東京は、まだ、食糧難の時代が続いていた……。

夏休みが終って上京する時、義母は、私のリュックサックに沢山の米を詰め込んだ。

私の食料分だけでなく、義母の姉（私の実母）一家の分も含まれていた。

当時、一般の人が、配給以外の米を運ぶことは、政府は禁じている。

正規のルート以外に出回る米を「闇米」といい、それを扱う人を「闇屋」といった。

しかし、闇米を手に入れないと生きてゆけないのが実情。配給以外のものを買わず生活していた人が餓死している。

誰もが飢えており、米を求めて、自分の大切な着物を手放した人も沢山いた。

従って、都会では、米が高く売れた。それを狙《ねら》って、闇屋が大活躍――。

農家から仕入れた人、また、農家自身も、現金収入のため、米を都会へ運んだ。

私の背負った米も、闇米である。不特定多数の人に売るわけではないから、闇屋ではない。

だが、私も、この闇屋達と一緒に取り調べを受けそうになったことがある。

東北本線、福島――上野間、ホームが一つだけの小さな駅、停車すると、すぐさま、三十人ばかりの刑事が列車に乗り込んできた。

一人一人の荷物を点検している。

私のリュックの底を手で持ちあげ、重さを量ると、列車をおりるよう指示された。

ホームの一角に、闇屋らしい大きな荷物を持った人達が集められている。私も、その中に入れられた。

「きょうは日が悪いや」

「また大損害だ！」――など、知り合いらしく闇屋同士が、ワイワイ話しあっている。

時間も、だいぶ過ぎた。間もなく、列車も出発しそうである。

私はすっかり諦《あきら》めて、あたりを見廻した時、監視している刑事と目線が、一瞬、ぴたりと合った。思わず目をそらしたが、気がつくと、その刑事が私の前に立っていた。

「学生か？」

「はい！」

「汽車に乗れ、急げ！」――と、顎《あご》で列車を指している。

私は、お礼も言わず、闇屋の集団から、一人抜け出して列車に飛び乗った。

間もおかず、汽車は、上野へ向かって動き出した――。

刑事の言葉は、ぶっきらぼうだったが、声の中にそれとない温もりが感じられた。私と同じ位の息子がいたのであろうか、服装が違っていたためか……。

生涯のうち、警察の取り調べを受けそうになったのは、この時だけである。

ところで、当時、街中の店で昼食を摂《と》る時は、外食券を必要とした。

外食券は、戦時中から戦後しばらくの間、外食を必要とする者に発行されていた。

勿論、その分だけ、お米の配給が減る仕組みになっている。

券一枚で、食事一回、だが、中味はお粗末そのもの、お米らしいものが浮いているお粥《かゆ》である。

しかも、売る方が「食べさせてやる」――といわんばかりの威張りようだった。

今では、お金を払うほうが、胸を張っている時代に変わっているが……。

実家での食事も、米半分に、味も素っ気もない芋を混ぜたお粥が多かった。――どこの家でも同じようなものだったが、食べものが出回って来た頃、私は、

「一生涯、芋など食うものか」と、公言していた。

当時の不味《まず》い食事の責任を、すべて、芋に被《かぶ》せていたようだ。

食糧難の後遺症といえる。

このため、昭和四十年頃まで、我が家の食卓に芋料理が載ることはなかった。

だが、北海道旅行で、バター混じりの男爵芋を食べた途端、

「こんな美味しい芋があったのか!」

と——宗旨を簡単に変えてしまった。

ところで、日々、お粥をすすっていた頃、私より一つ歳上の初代君太郎から食事の誘いを受けた。旦那も同席するという。

彼女の家は、京浜急行品川線の青物横丁にあった。

夕方、妾宅《しょうたく》を訪ねると、二人から手を取らんばかりの出迎えを受けた。

旦那は、飯坂の家で何回か会っており顔見知りである。

お膳《ぜん》は、すでに準備されていた。「鋤焼《すきやき》」であった。

なかなか来てくれない旦那を引き寄せるための作戦であったのか?

私への栄養補給を考えてくれたのか?

本意は、今でも判らないが、二人とも、終始にこやかに応待してくれた。

私も、勧められるまま、肉をたらふく食べ、白米のご飯を、三度もお代りした。

あの頃、こんな贅沢《ぜいたく》な食事ができたのは、ほんのひと握りの人達だけ——。君太郎の旦那の鉄工会社が、日本再建のブームに乗っていたからであろう。

そして、二人の仲も、上々、話しかけてくる君太郎も、少々、はしゃぎ気味だった。

帰りは、青物横丁の駅まで、二人に送ってもらった。

栄養失調気味だっただけに、二、三日は、時々、思い出して、にんまりしていた。

それから半年。夏休みで飯坂へ戻り、ぶらり静葉の置屋に行ってみると、君太郎が来ていた。

食事のお礼を言うと、彼女は、

「また、ここから芸者に出ますので、宜《よろ》しくお願いします」——。

思わず「どうして？」と、性急に聞き返していた。

あれだけ仲良さそうな二人が……信じ難かった。

着物類だけを持って飛び出してきたという。

彼女が、旦那を捨てた理由は、要するに、待つだけの日々に、我慢できなくなったためらしい。

旦那もそうだが、彼女も人柄は良い。お似合いのカップルに見えた。

初めのうちは順調だったが、数年過ぎるうちに、妾宅を訪問する回数が次第に減って行く。

最初のうちは毎日、そして、三日おき、一週間に一度、慣れすぎてくると一か月に一度——。

真面目な旦那だけに、仕送りを欠かすことはない。

だが、待つだけの日々、次第に、いらいらと侘《わび》しさがつのって行く。
君太郎は、ついに、切れたらしい、
次の日、東京から旦那が、君太郎を追って飯坂へ飛んで来た……。

旦那を捨てる二号

君太郎は妾稼業《めかけ》を捨てて、東京・品川の青物横丁から飯坂の静の家へ飛び込んで来た。頼れる姉芸者、静葉の置屋である。私の家が置屋を継続していれば、頼って来たであろう。間を置かず上野の鉄工会社社長の旦那が、追うように静の家に来た。

旦那は君太郎と二人だけになると、囁《ささや》くような声で説得を続けていた。だが、君太郎はほとんど喋《しゃべ》らず、頑として首を縦に振らない。

旦那にとって君太郎は、娘に近い年齢でもあり、尽くしてくれる女性でもあった。たっぷり未練が残っていたのであろう。月々の手当てを増やすことや、訪れる日もできるだけ多くする――など、懸命に口説いていた。

人の失敗も自分を犠牲にしても庇《かば》うほど人の良い、あの君太郎とは思えないほど、この旦那には冷たかった。

旦那が浮気して他の女性を囲ったわけでもないのに……。

二人の話は二日間続いたが、情況は全く変わらなかった。

決意したのか、旦那は諦《あきら》めて、静葉や私の義母に挨拶し東京へ戻って行った。

金銭関係は、一切、口にしなかった。

旦那が「悪」であれば、静葉に君太郎を売る形で、交渉を始めたであろう。

旦那は、人柄もよく、金にこだわらぬ粋《いき》な別れをしてくれたと言える。

後日「どうしても、駄目だったのかな？」の質問に対して、

「悪いと思っているのよ。だけど、あのままでは、私、死んじゃう！」であった。

待つだけの侘《わび》しさ、その深刻さを、しみじみと感じさせるひと言であった。

君太郎は前借なしで芸妓生活に入ることができた。

一定の下宿料さえ払えば、自由な芸者生活を送ることができる。

この下宿料は、多分、現在の金額に換算すれば二十万円位であろう。

置屋を出すには組合に多額の金を支払わねばならない。

この時の君太郎にとっては、最も落ちつき易い方法であった。初代君太郎の復活である。

旦那は真面目で、人柄も良かった。しかし、付き合って、楽しく面白い人物ではなく、彼女をどぎまぎさせるようなこともなかったようだ。

だが、私は、この旦那には好意を持っていた。

少し前、東京青物横丁の君太郎宅で鋤焼《すきやき》と銀しゃりを、たっぷり、ご馳走になったが、その時の歓迎ぶりも誠意に溢れていた。

君太郎との最後の交渉の時も、ひそかに「社長、頑張れ!」の声援を送っていた。

もし、旦那が君太郎の胸倉を取り、頬を平手で殴りつけ、

「四の五の言わず、俺について来い。さあ、東京へ戻る。支度しろ!」と、少々、荒っぽく扱っていたら、君太郎は、ぶつぶつ言いながらも、元の鞘《さや》に収まった——と、私は思っている。

女性の心は男には判りづらい。しかし、押せ押せ型の男性には、弱いような気がしてならない。

自分が愛されていると錯覚するからであろうか。

それに反して、真面目だが、はっきりしない男性は敬遠される向きがある。

私の部下となった美人、スマートなアナウンサー、さわやかな感じのする同級生の娘さん——この三人が、時期は別々だが、私のところへ〝結婚する〟との知らせを伝えて来た。

私はいつものように結婚を決めた訳を尋ねたところ、この三人が同じ返事をしたのにびっくりした。

この三人の相手の男性達は東京住まい。交際のきっかけはいろいろだが、三人の答えは同じだった。

「東京から、何回も逢いに来てくれた」――である。

乗りものは車か新幹線であろう。

時には午後の電話で「今夜、ぜひ、逢いたい！」など、性急な連絡もあったようだ。

教養も高く、美人でもあるこの三人を憎からず思っていた地元の青年達も、たくさんいたと思える。

だが、三人とも距離、時間を厭《いと》わず、逢《あ》いに来てくれる東京勢に心動かされていたのである。

そのうちの一人、アナウンサー辻雅子さんの相手は、将棋プロの中村修八段であった。

やはり、押せ押せの男性に、女性は弱いのであろう。

「中村八段の愛妻弁当！」などの噂《うわさ》が流れてきたこともあった。

将棋界の鴛鴦《おしどり》夫婦になっている。

福島美人を口説き落とす最良の方法は、東京に職を持ち、遠路を厭わずデートを重ねることにあるようだ。

時々は相手の事情など考慮に入れず、電話を入れたその日に飛んで来る――女性の心は、ときめくらしい……。

ところで、順調に芸者稼業を続けて、一年も過ぎた頃、君太郎はある男を好きになった。東京から飯坂温泉にちょくちょく、遊びに来ている人物である。

君太郎の前の旦那とは、全く反対、明るいが捉《とら》えどころがない。太り気味で、二、三の芸者に手をつける浮気者でもあった。

気に入った芸者を連れて、置屋にも顔を出すので、土地の人にも顔を知られていた。その人達は彼を陰で「松井元帥《げんすい》」と名づけていた。

「まつい」は「まずい」に繫《つな》がる。危険人物というサインであろうか。職業も飯坂に長逗留《とうりゅう》することも、町の人々は訳が判らない。

飯坂温泉では「得体の知れぬ、不思議な人」と思われていた。

この「松井元帥」を、君太郎が好きになったのである。

自由な芸者稼業、玉代もそっちのけで、一緒に居ることが多くなり、やがて、家を一軒借り、二人で住むようになった。

麻雀《まーじゃん》で人が足りない時、私も呼ばれることがある。

君太郎は女房気取りよろしく、麻雀をしている四人の世話を焼いていた。しかも、嬉しそうに……。

二人はよく喧嘩《けんか》をしていた。攻め始めるのは、いつも、君太郎のほうだが、松井元帥は、のらりくらり――。

言うなれば、漫画のような組み合わせであった。

旅館「曙《あけぼの》」の倒産

君太郎と得体の知れない松井との仲は、われわれの心配をよそに深まってゆくばかりだった。

真面目で朴訥《ぼくとつ》な前の旦那とは、全く正反対、芸者との浮気に君太郎が焼きもちをやいても、のらりくらり……。

口喧嘩《くちけんか》も見ようによっては、じゃれあっているとしか思えない。

明るいカップルと言えた。

待つばかりの生活の苦しさを味わった君太郎は不安定ながら、松井との仲を楽しみながら、大切にしたいと思っているようだ。

焼きもちもほどほどに。口ではきついことを言っていても、着替えにはいそいそと手伝うなどなど——。

松井に惹《ひ》かれている様子が窺《うかが》えた。

そのうち、いつの間にか二人一緒に飯坂の町から消えて行った。何もかも知られている小さな町よりも、他人の多い東京のほうが住み良いと考えたのかも知れない。

後日、大森付近に住んでいること、松井と添いとげていること、更にお茶の先生になったことなどが噂《うわさ》として流れてきた。

頑張りやさんだけに自分で道を切り開いて行ったのであろう。

知りすぎている私達が近付くことなく、そっとしておいてあげたほうが親切と言える。

ところで、私より歳一つ下の信子は置屋をやめた時、宮城県の白石市に行ったと記したが、彼女はここで終戦を迎えていた。

そして、白石市内にできたパチンコ屋に就職――。

忽《たちま》ち、このパチンコ屋の社長が彼女に夢中になってしまった。

口数の少ない応対と、品の良さに魅せられたのであろう。

二人の子を生んだ正妻を離婚、信子を正妻の座に据えてしまった。

信子が望んだのではないが、見境のなくなった旦那が、一人で決め、一人で実行してしまったようだ。

暫《しば》くは裕福な生活に甘んじていたが、二年も過ぎると、金の亡者で品の良くない旦那に背筋が寒くなるような嫌気を、信子は感じていた。

幸か不幸か、子供も出来ない——。

居たたまれなくなった信子は飯坂の私の義母の所へ相談に来た。

義母は何回か白石へ行き、パチンコ屋の旦那と交渉を重ね、離縁させることに成功した。

そして、信子は知りあいの置屋から戦後の飯坂芸者として再出発した。

昼時やお座敷帰りに、時々、顔を見せ、義母に近況を報告したり、私の部屋へ、お茶を運んだりしてくれていた。

ひと時、荒らくれ男の女房になったものの、立ち居振る舞いはおっとりしていて、昔と変わらない、品の良さも相変わらずである。

ところで、私が、地元の新聞社に就職して、二年ほど過ぎた頃、信子の噂《うわさ》が耳に入ってきた。当時の県知事の宴席には、いつも、信子がいる——と。

県知事は、戦前からの政治家、特に、猥談《わいだん》大好きの人物である。

飯坂の花街も、戦後とは言え、主だった芸妓の出演する舞台披露が復活していた。

知事をバックにしている信子は、推されて、踊りの主役を務めることとなった。

だが、信子には、それをこなす力は無かった——。

踊り上手の連中から、嫌味を言われ、先輩芸者からも、いびられたらしい。

自信を持てない信子は、落ち込むばかりである。

やがて、鬱病《うつびょう》になり、記憶喪失症になったと言う。

そして、飯坂から消えて行った……。

何年か経《た》った頃、山形県の天童市のお土産店にいたとの話を、小耳にはさんだが、その後の消息は、杳《よう》として判らない。

後年、天童市を訪れた時、お土産屋を数軒、廻りながら、それとなく、消息を訊《たず》ねてみたが、反応は、全く無かった。

尤《もっと》も、信子がいた時代から二十余年は、過ぎているのだ……。

昭和二十八年、私の家、旅館「曙」が倒産した。

原因は放漫経営であろう。

戦前の置屋経営は税金などほとんど関係がなく、十日毎の玉代集金で、悠々、暮しが立った。

新しい芸妓を抱える時は、旦那がまとまった金を渡してくれる……。

仕入れは旦那もち、収入は自分の自由であった。

子供の時から両親をなくした義母は、天下を取ったような気分だったのだろう。身内の困りごとにお金を出し、町内の知りあった人のピンチも、救った。

助けられた人から「あなたは観音様じゃ」と言われたことが、特に嬉しかったのであろう。

「私が観音様だって！　ホ、ホ、ホ」と、来る人ごとに、繰り返していた。

しかし、戦後の旅館業は入った金を、他人にばら撒《ま》いたのでは成りたたない。入湯税などは預り金になっているのに、手元に来たお金は、全部、自分のものと思っていたようだ。

もちろん、帳簿などつけていない、すべて丼《どんぶり》勘定である。

税務署が督促に来れば「どうして、税金払わなくちゃいけないの？」である。

私が「帳簿をつけてやるよ」とか「売上金の何割かは別にしておくべきだよ」と忠告めいたことを言っても、

「お前に何が判る！」と怒鳴るばかりであった。

義母は赤字を旦那に埋めてもらうつもりでいた。置屋の時代、新しい芸妓を抱える時のように……。

しかし、税制の変わった戦後は旦那でもお金を自由に動かせない。

やむなく、飯坂の家を売り払い、義母と妹は東京へ。私は福島市内の下宿に居を移した。

しかし、安月給の私は下宿代と付けで食べる昼食代を支払うと、財布はほとんど空になっていた。

あと二十日余は、一文無し——。

いくら生活費が足りなくとも、安サラリーマンに、銀行が貸してくれる時代ではなかった。

利用できるのは、月給の前借りと質屋だけである。

真夏のある日のこと、高校野球の取材中、上着を置き忘れてきたことがあった。ポケットには何も入っていないはず。半分諦《あきら》めかけた時、不思議にも、知人が届けてくれた。

種を明かせば、恥ずかしながら、ポケットに、私の質札が入っていたからである。

どん底生活の中で、色々な人に扶《たす》けてもらった――。

上司の編集長が、出社すると、すぐ、私を呼び出す。私が寄って行くと、煙草をひと箱、胸元へ、ひょいと投げて寄こしてくれた。

安月給のくせに、煙草好きの私への温情である。

事実、私は、普通の巻煙草が買えず、刻み煙草と、それに付随する煙草《きせる》を持ち歩いていた。知りあいの芸妓達にも、迷惑をかけたことがある。

花街を支えた人々

私が、忘年会の幹事を命じられた時のこと、参加は十人足らず、さらに、予算は、けち吝嗇《けち》——。

街中《まちなか》の小料理屋でも選べばよいものを、金銭感覚に疎い私は、会場を飯坂温泉の旅館に決めてしまった。

知りあいの女将《おかみ》を拝み倒し、まけに、まけさせた。

いざ、忘年会が始まると、お膳《ぜん》の肴《さかな》は、寂しいほどしか無く、忽《たちま》ち、空っぽ……。

その時、少し太めだが、美声の持ち主で、芸達者なM太郎が、突然、部屋に入ってきた。

予定は無いとは言え、芸者さんの参加は、大歓迎、一斉に拍手がおこった。

先ほど、廊下で擦れ違った時、

「あとで、遊びに行くね……」と、言っていたのを思い出した。

玉代など、予算には無い。私の財布も空っぽである。大きな顔をして「おいで、おいで」

当時の半玉たち

とは言えなかった――。

M太郎は、中央に座り、見渡すうち、総《すべ》てを察知したらしく、

「あら、あら、食べるもの、何も無いじゃない。帳場に頼んで来るから――」

立ちあがりながら「私のおごりよ」と、付け加えていた。

一品ずつだが、おかずがお膳に乗り、M太郎の座の盛りあげもあって、宴会らしい雰囲気になっていった。

いくら元置屋の息子でも、玉代も「只《ただ》」、挙句の果て、おかず代まで出させてしまった。日頃、義母から「遊ぶ時は〝粋《いき》〟に」と言われていたが、貧困は、粋など、どっかへ吹き飛んでいた。

後日、宴会の時など、何かをしなければならない時、彼女が来ていれば、早々と、代役を頼んでおいた。

「不器用な私に代って、余り聞くことのできない、M太郎の浪花節を披露しまあーす」

私の下手な歌よりは、芸妓の隠し芸の方が楽しめる。やんやの拍手である。

歌の得意な彼女は、演歌、小唄、端唄、軍歌、浪花節、何でも、ござれであった。

M太郎は、終戦後、樺太《からふと》（現＝サハリン）からの引き上げ者である。彼女が長女で、多くの弟妹がいた。彼女は、一家を支えながら、懸命になって生きてきたと言える。

今でも、彼女を中心にして、支えあっているようだ。

私が、彼女を知ったのは、芸妓に出たばかりの半玉時代——。

小さな旅館を始めていた義母は、何人かの半玉を可愛がっていた。

義母は、この妓達を予約する際、一時間ほど早く来るよう伝えていた。

半玉の踊り

そして、彼女達に、夕食を振る舞ったのである。

この食事は、夕方なので、私と妹も一緒だった。

白米に肉、魚、漬物、味噌汁、お代りは何杯でもOK。最初のうちは、遠慮がちだったが、馴れっこになると、食糧難の時代で、食べ盛り、ワイワイ言いながらの食事となった。

M太郎は、その中の一人、ぽっちゃりした可愛い妓であった。

大失敗の宴会を助けてくれたM太郎へのお礼は、いまだにしていない。

また、私の結婚の時にも、世話になった芸者衆がいる。

私自身は、何も予定していなかったが、披露宴の最中、飯坂芸妓連による祝舞いが、舞台で繰り広げられた。

地方《ぢかた》、立方《たちかた》、揃《そろ》っての出演である。地方は、唄、三味線、太鼓、立方は、踊り手＝前にも書いてあるが――。

宴の途中ではあったが、静葉に、

「みんなへの予算が無い」と伝えた。

「そんなの良いわよ、引き出物の風呂敷を皆《みんな》にあげてネ……」である。

玉代、往復のタクシー代、ご祝儀など考えれば、相当な額になる。

タクシー代は、静葉が払ってくれたのだろうが、あとのことは、義母へのお礼返しだったかも知れない。

更に貧乏話を続ければ、二泊三日の那須新婚旅行の旅館代、切符代など、金も払わず、チケットを内ポケットに入れていた。

友人が、交通公社の福島支社に勤めていたので、便宜を図ってくれた。

支払いは、集まったお祝金の中から――。

後日、交通公社の幹部になった、この友人に、

「金も払わず、先にチケット類を持って行った人は、俺以外に居たかネ」と聞いてみた。

即座に、

「そんなの、お前しかいないよ！」——との返事だった。


ところで、ここに、昭和三十六年の飯坂おどり出演者、七十名の顔写真が、ずらりと並んでいる。

飯坂温泉の全盛期を背負った人々である。しかも、私の置屋物語を飾ってくれた八名も入っている。

昭和 36 年の“飯坂おどり”に出演した人々（1）

昭和36年の“飯坂おどり”に出演した人々（2）

昭和36年の“飯坂おどり”に出演した人々（3）

昭和 36 年の“飯坂おどり”に出演した人々（4）

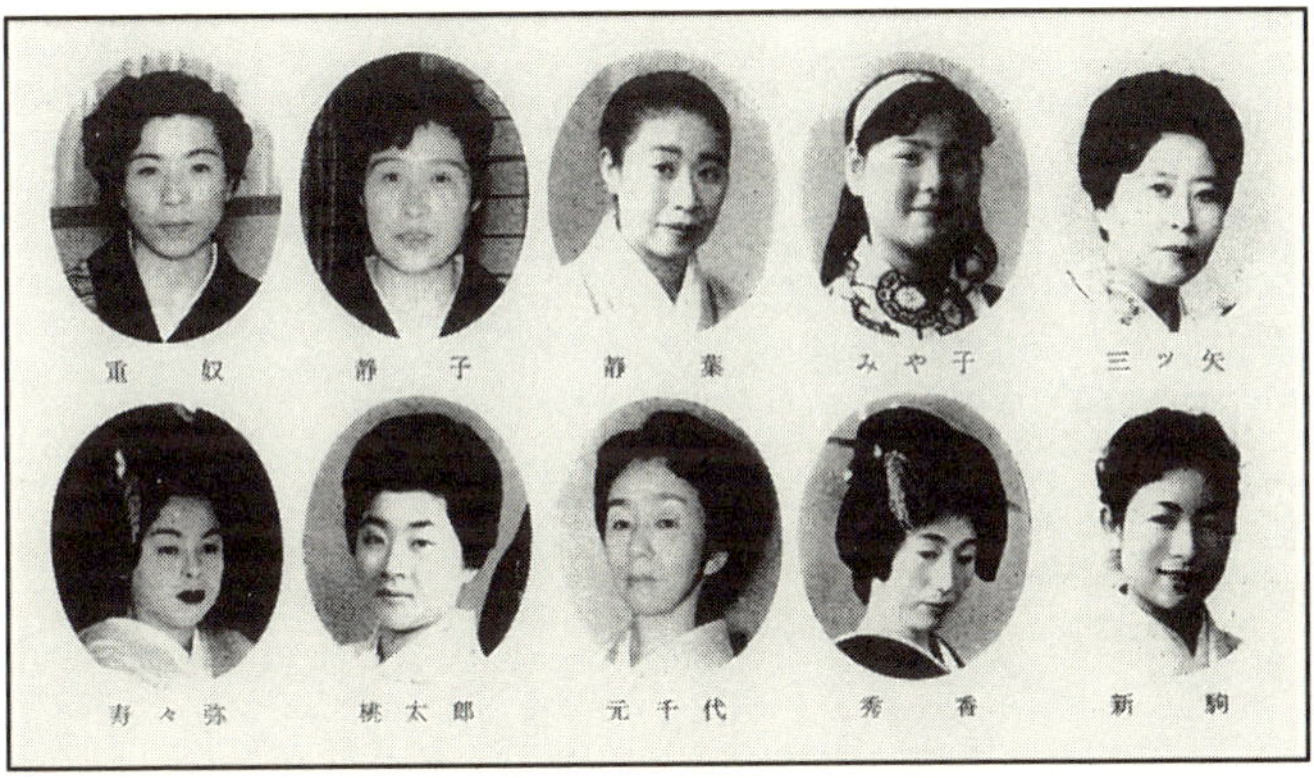

一場の夢物語か

この『置屋物語』の中で、源氏名をそのまま使っている人と、イニシャルにしている人とがある。

その違いは、私の育った置屋「曙《あけぼの》」の抱えっ妓、また、系譜を曳《ひ》く芸妓は、源氏名で。その他の人達は、イニシャルを遣わせて戴《いただ》いた。

置屋としてのつながりは、
曙——静の家（二代目静葉）——新静の家（三代目君太郎）——分新静（君栄）。

君栄は、数少ない現役の一人である。

私は、春の夕刻、飯坂温泉の花岡町通りを、ぼんやり歩いていた。

かつて、旅館、待合、置屋、カフェー、おみやげ屋、八百屋、魚屋、民家などが、雑多に並んでいた所である。

また、私の幼少時代から青春時代を過ごした、故郷《ふるさと》そのものでもある。

この道は、飯坂温泉のメイン通りであった。

浴衣がけのお客が、盛んに行き来しており、中には、芸妓や半玉達を連れ、わいわい、笑いながらの一団もあった。

現在は、一方通行の自動車ばかりが目立っている。あの華やかさは、どこに行ったのであろうか。

少しずつ、寂しい町になりつつある。

町全体を見ても、旅館の数は、半減している。

芸妓も、最盛期には、優に二百名を超えていたが、現在は八名のみ……。

ゆっくり歩いているうち、あたりが、暮れかかってきた。

——この時刻を「逢魔が時」と言う。禍《わざわい》が起る時と言うことらしい。

そのせいでも無いが、私の脳裏を、色々な過去の映像が駈け巡った……。

＊

根は利かん気の義母が、三尺さがって、しおらしく、旦那に付《つ》いて行く。

義母にとって、大恩のある、逆らうことの出来ぬ、大切な人である。旦那に、散歩しようと誘われたのであろう。

日頃は、江戸っ子気質《かたぎ》丸出し、自分の悪口を言った人には、即座に、怒鳴り込んで行く勇ましさも、何処《どこ》へやら——。

町の人達は、余りの変わりように、きょとんとした顔つきで見送っている……。

＊

日本髪の良く似合う初代静葉の後ろ姿、そのあとを、三味線を抱えた半玉が、木履《ぽっくり》の音を響かせながら付いて行く——。

温泉街の夕べを彩る、一幅の日本画、情緒纏綿《てんめん》たる風情であった。初代静葉の立ち居振る舞には、誰もが支えてやりたくなるような嫋嫋《じょうじょう》とした雰囲気があった——。

＊

人力車の和江が行く。胸を反らし〝粋《いき》〟に乗りこなしている。

道行く人達の目線が、和江に集まっている。本人は、それを楽しみながら、そ知らぬ素振り。後れ毛が、艶《なまめか》しい……。

＊

腹のたっぷり膨《ふくら》んでいる旦那に、付き添うように歩いてくる笑子。旦那の荷物を持ち、よろめく旦那を懸命に支えている――。

彼女の謙虚さは「売れない芸者」を自覚したところから出発している。そして、一人の旦那に尽くし、見事に添い遂げている……。

＊

髪型も、着付けも、素人《しろうと》風に装った二代目静葉。

一緒に歩いているのは、中学生(現＝高校生)であろう。共に観《み》た映画の話をしているらしい。中学生も楽しそうだが、静葉も、姉さんぶっているのを楽しんでいるようだ……。

＊

夜遅く、人通りも無くなった花岡町通り、着崩れした裾《すそ》を引きずっている力弥。

右に左に、時には後ろによろめいている。小柄で、か細く、色白、喜んで彼女を介抱した殿方も多かったであろう。虎《とら》になっても、憎めない人と言えよう……。

痴話喧嘩《げんか》をしながら歩いてくる初代君太郎。相手は、のらりくらりの旦那、松井。「また浮気したんでしょう！　憎らしい！」——本当に怒っているのか、楽しんでいるのか判らない不思議なカップル……。

＊

日曜日の朝、桃割れの髪に普段着の信子、襟巻きで口元を隠し、急ぎ足である。初恋の学生さんとのデートであろう。小学校を卒業して、まだ一年も過ぎていない。可憐《かれん》さが漂っている……。

＊

一緒に過ごした人達だけに、肉親に近い思いがある。芸妓と言えども、人の子、生き方は、それぞれであろう。一括して評価する気にはなれない。

だが、振り返ってみると、今、思い出した人々は、皆、黄泉《よみ》の国へ旅立ったか、消息不明である。生きているのは、乳母のおのぶさんだけ。しかし、このおのぶさんも、齢《よわい》、九十五歳、自分の子供達さえ、見分けがつかなくなっている。数々の思い出は、私だけのものになったのだろうか……。また、総《すべて》は、一場の夢にすぎなかったのだろうか？

ところで、私の幼い頃、飯坂温泉の花街で使われていた温かい言葉があった。芸者衆が、通りで擦れ違う時、お互いに、「今ほど」——と言いあって、小腰をかがめた。優しい言い方なので、そこはかとなく、艶《なまめか》しさが漂う。子供の私に覚えさせる情緒があったとも言える。

だが、現役の芸妓達に聞いてみると、全員が、「聞いたこと、ありません」「知らないです」——と答える。

戦後、伝える人も無く過ぎて来たのであろう。消えた風俗の一つと言えそうである。

あとがき

この『置屋物語』の筆を執ったのは、私の俳句の師匠、清水基吉氏の勧めによる。

清水氏は、私が属する俳句結社「日矢」の主宰者で、芥川賞作家でもある。

平成三年の夏、宮城県白石市の鎌先温泉で句会を催したことがあった。その夜の二次会の席上、私の先輩が、飯坂温泉の芸者衆に、もてもてだった話を始めた。飯坂の芸妓置屋で育った私は、先輩の話に乗りながら、共に育った芸者衆の話を、思い出すまま、語っていた……。

清水氏は、「ほう、そうかね！」を繰り返しながら、私を調子に乗せていく……。そして、後日、清水氏から、一通の葉書を戴いた。

内容は、「興味のある素材として、置屋、芸妓のエピソード、温泉場風景などの原稿を」……と言うものである。勿論《もちろん》、我々の結社誌「日矢」への掲載である。

私は「まことに申し訳ありませんが、お申し越しのテーマ、生々しすぎる点もあり、どの程度まで書いてよいものやら、迷っております。今回は、お許し下さい」……と返事した。

その後、この話は、途絶えていたが、平成十二年の初夏、清水氏が、所用で、鎌倉から福島を訪ねられたおり、その夜の雑談の中で、再び、勧められた。

文才も無く、書きこなす自信もないが、私が、今、書いておかなければ、永久に消えて行くことも、幾つかあるかも知れない……と、思い始めた。

しかも、師匠からの二度目の話である。断ってはならないとの思いも強くなっていた。

そして、平成十二年の七月号から、平成十六年の二月号まで、隔月、二十三回、俳句誌「日矢」に連載された。

今回の出版は、その内容を基にして、加筆、訂正したものである。さらに、手元に遺されていた写真などを、内容に併せて挿入した。

振り返ると、楽しさ、賑やかさ、粋さなど、少しずつ消えつつある故郷への、私の応援歌といえよう。

なお、出版にあたっては、細かな点まで指摘して下さった八朔社の片倉和夫氏、タイプ・校正などで、ご協力いただいた大越恭子さん、中川寛子さんに感謝申し上げます。

平成十七年七月

橋本　余四郎

〔著者紹介〕
橋《はし》本《もと》　余《よ》四《し》郎《ろう》（本名：橋本與代）
大正15年9月10日生まれ。福島市飯坂町出身，福島商業，福島師範を経て，早稲田大学文学部卒業。「福島民報」記者を経て，「ラジオ福島」報道部長，「福島テレビ」常務取締役，「福島リビング新聞社」専務取締役を歴任。趣味は俳句，俳人協会会員，「日矢」同人。俳名，余四郎。平成8年俳人協会俳句大賞（参加6246句中）の準賞に選ばれる。

花街を彩った人々
置屋物語

2005年9月25日　第1刷発行

著　者　　橋　本　余四郎
発行者　　片　倉　和　夫

発行所　株式会社　八《はっ》　朔《さく》　社《しゃ》
東京都新宿区神楽坂2-19　銀鈴会館内
〒162-0825　振替口座00120-0-111135番
Tel. 03(3235)1553　Fax. 03(3235)5910

印刷・製本　藤原印刷
ISBN4-86014-028-1